U0908849

妙黛 著

Parents Are Children
Who Have Children

北京日报出版社

图书在版编目（CIP）数据

所谓父母，不过是有了孩子的孩子 / 妙黛著 . -- 北京 : 北京日报出版社 , 2020.11
ISBN 978-7-5477-3731-6

Ⅰ . ①所… Ⅱ . ①妙… Ⅲ . ①家庭教育 Ⅳ . ① G78

中国版本图书馆 CIP 数据核字 (2020) 第 143348 号

所谓父母，不过是有了孩子的孩子

出版发行：北京日报出版社
地　　址：北京市东城区东单三条 8-16 号东方广场东配楼四层
邮　　编：100005
电　　话：发行部：（010）65255876　总编室：（010）65252135
经　　销：各地新华书店
印　　刷：环球东方（北京）印务有限公司
版　　次：2020 年 11 月第 1 版
　　　　　2020 年 11 月第 1 次印刷
开　　本：880 毫米 ×1230 毫米　1/32
印　　张：10.75
字　　数：220 千字
定　　价：58.00 元

作者妙黛

春日郊游全家福

孩子的爱，从眼神里的光就能看出来

陪伴是最长情的告白

兜兜的灿烂笑颜

动动小手，创意无穷

幸福的共读时光

序

育儿路上，伴你不再孤独

作为一名儿科医生，我长期与孩子和家长打交道。我看过无数有问题的孩子，他们不只身体患病，其家庭也出了状况。

很荣幸，正当我深思家庭问题的时候，妙黛邀请我为她的新书作序。

我的公众号“欧茜医生”曾计划约一篇关于自闭症教育的稿子，有位老朋友向我推荐了妙黛。起初，我还有点怀疑，一个“90后”的小姑娘，真的懂教育、懂儿童心理吗？自闭症是一种令人心痛又非常复杂的疾病，想要把稿子写到合乎要求，并不容易。

在后来的接触中，我对她身上的那股韧劲感到惊叹。

把选题交给她两天后，我有点不放心，就给她打了一个电话。她告诉我，她不仅查阅了美国儿科学会的资料，还特地买了一本《牛津通识读本：自闭症》（*Autism: A Very Short Introduction*）来学习，希望对这种疾病有更深入的了解。几天后她告诉我基本可以交稿了，因为一张有权威出处的图片，她还没有找到，所以请我再等一两天。

妙黛与其他作者不同，她总是提前一两天就能交稿。她打趣说自己是“提前症患者”，凡事要多一手准备，多条腿走路，给他人多一点准备的时间，也是给自己安全感。她果然雷厉风行，做事不含糊、不磨叽。

妙黛的雷厉风行也体现在本书的创作中。当我拿到这本书稿时，她说只用了一个多月的时间就完成了，要知道这可是 15 万字，如果一个月不间断地写，一天至少要写 5000 字。2020 年的春节，她宅在家一个多月，静下心来写了这本书。其实，我们做很多事就是如此，一松懈一拖延，就迟迟未动；一咬牙一坚持，事情也就大功告成了。

这就是她的性格，做事一丝不苟，确定目标后，就是卷起袖子加油干了。

我眼中的妙黛是个聪明勤奋的人，虽然年纪轻，但阅历却不少。大量地阅读让她思考问题时有着超出年龄的成熟，对教育问题也有独到的见解。

我曾经问过她，文笔这么好，写什么不行，为什么要写教育方面的文章？

她说，每一篇文章都是“活”的，都是作者与读者的对话。对此我深以为然。那些看起来冷冰冰的方块字，实际上都是作者的心血与感悟。每一篇文章都应该有灵魂、有思考，我们写出来的文字是要影响人的。我做公众号、关注家庭教育、推动家长的医学科普教育，也是出于同样的初心。

我太清楚父母对孩子的影响了。孩子就像一棵幼苗，而家庭环境就像阳光和土壤，“好”的教育和“坏”的教育，都会代代相传。也许我改变家长的一点点观念，就能影响某些孩子的一生，还会影响这些孩子的后代。

就像鲁迅、孙中山弃医从文一样，比起拯救一个人，拯救一群人更有意义。

这也是妙黛这本书的主要内容——当我们谈起教育的时候，技巧也许是次要的，家长成长为怎样的人更为重要。

作为儿科医生，我每天都面对许多家长。他们来找我，一部分原因是孩子生病了，另一部分则是他们遇到了难以解决的问题。

很多时候，问题的根源不在孩子，而在家长。与其去要求孩子改变，不如自己先做出一些调整和适应。

孩子与家长相辅相成，互相影响，我们的一言一行都会被孩子效仿，孩子的一言一行也会牵扯我们的神经。与其急着学习各种教育技巧，不如先思考我们的言行有没有需要优化的地方。所谓“育儿先育己”，大抵如此。

妙黛的书里有一句话让我很受触动：“父母也是带着原生家庭的创伤做了父母。”

我们这一代人的父母，并没有足够的条件学习怎样教育孩子。我们或者在散养中，或者在棍棒下，或者在争吵中，不知怎么就长大了。随着我们一起长大的，当然还有原生家庭的创伤。

父母需要先自我疗愈，才能更好地养育孩子。否则我们自己的创伤很可能会影响孩子，甚至我们还会把伤害加量加料。

那个背负着家长创伤长大的孩子，很有可能会成长为一个“问题孩子”，家长还可能会“恨”这个孩子——为什么不像别人家的孩子那样优异？

从这个角度说，孩子何其无辜。

家长不能等孩子出了问题再去病急投医，而应在他们很小很乖的时候，学会跟他们友好相处。孩子越小，受家庭的影响就越大。

身体的疾病不难医治，而不良家庭关系带来的心理压力却不容易消除。我接诊过很多孩子，他们看着真让人心疼——童年的选择权在家长手里，自己没有多少挣扎的余地。

从这个角度，我非常赞同妙黛这本书的理念。父母要和孩子同步成长，甚至要早于孩子。终有一天，你会发现，我们做好了父母，其实也就懂得了如何与人相处，过好此生。

边育儿边育己，妙黛就是这个理念的受益者。最开始的时候，她像很多妈妈一样，很爱孩子却不懂得正确的方式。本来是好好的一句话，到了嘴边就成了讽刺与挖苦；夫妻关系也前所未有地紧张，看到丈夫就生气已成为常态。

在生活一团乱麻的时候，机缘巧合，她涉足写作领域，用文字记录自己的生活。写作的过程中，她学会了剖析原生家庭，治愈了带着创伤的自己，于是能够给孩子更多爱与自由。

就像飞机遇到紧急情况时，家长一定要先自己带好氧气面罩再帮助孩子。学会做家长后，许多教育难题就迎刃而解了，陪伴孩子成长也就变得轻松快乐。

带着“育儿育己”的决心，妙黛报考了中科院心理所的研究生，做了妈妈的她又做了学生。同时，用心写作的她还成为一名亲子文知名作者。几乎在所有知名的教育公众号上，都能看到妙黛的文章，文章阅读量常在十万以上，有的多达百万，甚是喜人。

勤奋努力、积极上进，让她拥有了自己的事业与人生。她想分享自己的经历，让更多家长受益。家长受益才可能造福孩子一生。

我身边有很多家长非常欣赏她的文字，“文笔好、三观正”是他们对妙黛的共同评价。

一位妈妈告诉我，妙黛的文章总能引起她的共鸣，让她觉得自己不再孤独。大家都是妈妈，所经历的事情也都差不多。当有人以文字的形式把大家的“共同生活”描绘出来时，就会有一种觅得知音的感觉。

深夜看到妙黛的文章，会感觉她把每一个字都写进了你心里，她仿佛在告诉读者——我懂你为人母的辛酸，我懂你的辛苦，我陪着你一起走，一起育儿育己。

妙黛的文章不仅在情感上打动人，而且她文如其人。她不贩卖焦虑，因为她深知让妈妈焦虑、愧疚是什么滋味。所以，她在提出问题，也会提出解决方法，让我们不只觉得“自己做得不好”，还要觉得“自己可以做得更好”。

这本书说长不长，说短不短，却字字戳心，戳中教育的痛点。

如果你觉得自己在教育孩子的路上孤单又迷茫，如果你觉得教育孩子是一件非常辛苦的事情，那么你应该读读这本书。

如果我们都拥有改变自己、让自己变得更好的能力，也许教育孩子就会变得轻松且温馨。

当你迷茫的时候，请翻翻这本书。妙黛这位心理学科班出身的“90后”妈妈，对教育的所知所感一定可以帮到你。

每一位父母都应该有自我成长的意识。想要学习怎样成长，想要和更多妈妈一起上路，妙黛这本书会很好地陪伴你，育儿路上不再孤独。

欧茜

儿科医生，医学科普作者，新浪微博超人气博主

目　录

第3章 认识孩子：孩子“不乖”的时候，到底在想什么

第4章 流动的爱：和孩子之间的爱，怎么流动起来

第 5 章　重拾婚姻：没有好婚姻，哪来好孩子

尾声　相信我，没人天生会当父母

第1章

原生家庭：父母也是“孩子”

父母才是更该“上辅导班”的人

“我的孩子该怎么办？”

我经常听到这句话，每次听到都深感凄凉。

“70 后”的家长，不舍得吃不舍得穿，恨不得把命留给孩子；“80 后”的家长，只要能促进孩子学习成长，几万元的辅导班说报就报；“90 后”的家长，牺牲自己的业余时间，放弃“诗和远方”，为了孩子的教育选择“苟且”。

付出越多，期待也越高。我们期待孩子，也许不需要太优秀，但至少要对得起自己的付出。

事与愿违，希冀破碎。

“为什么我付出这么多，孩子还是变成了这样？”

我们的教育，往往有一个误区，就是觉得孩子理所应当顺利长大，理所应当变成一个好孩子。如果没有，那一定是孩子的不对。

孩子就像一株小树苗，生活在父母组建的“土壤”中，在它的“原生家庭”中长大。如果树苗长歪了，土壤一定不是无辜的。

很多家庭的土壤都是“原生态”的，他们教育孩子靠什么呢?

“靠天吃饭”。

为什么说是“靠天吃饭”？因为父母只能用自己已有的、被教育的理论，去教育自己的孩子。如果父母运气好，原生家庭是幸福的，那么养育孩子可能会很容易。可如果父母本身就是“带病上岗”，又缺少自我察觉、自我成长的过程，那么养育孩子之途会变得很坎坷。

我非常喜欢的一句话是：父母也是“孩子”。他们从热恋到结婚，从二人世界到突然当爸当妈，没有适应的过程就必须长大、必须爱孩子。这是新手父母面临的问题，也是一个迫切又严肃的问题。

更心酸的是，孩子出了问题，根源往往在父母那里。很多时候父母没有意识到自己的缺陷，又把这个缺陷传给了孩子。

既然父母曾经是“原生态”成长，同时是“孩子”，那就必须得学会“长大”。

有一对家庭条件还不错的夫妻曾向我求助。夫妻二人从年轻就一起创业，人到中年也算小有成就。有房有车有社会地位，唯一没有的就是一个优秀的孩子。

他们的儿子小毅上高中一年级，据说已经“间歇性”逃学一学期了。所谓“间歇性逃学”，就是这孩子能抓住不同老师的特点——

有的老师不会理会班里少了个学生，有的老师则一眼就能看出来，不会置之不理。他总是成功逃脱比较“软弱”的老师的课；至于班主任或比较严厉的老师，他一次也不敢逃。

就这样断断续续持续了一个学期，到了学期末才被老师发现。

小毅逃学去做什么呢？上网、约会，还是打架？这个年纪的孩子逃课，似乎只有这几种可能。

但他逃课并不是为了这些，而是去大超市偷东西。所偷之物也很杂——巧克力、红酒、洗衣粉、卫生巾、剃须刀……

从他偷的物品中完全看不出他的目的。

后来，为了防止小毅继续偷东西，父母给了他更多的零用钱，希望他去买而不是去偷。可是，一丁点儿作用都没有，小毅就是要去偷东西，就是要偷一些无关紧要的东西。

逃学、偷窃，孩子让父母操碎了心。小毅妈妈每次都会说，后悔这些年忙于生意而忽略了孩子的学习和成长；小毅爸爸则叹息，花了这么多钱培养孩子，该学的、不该学的辅导班都上过，给他花的钱都能买一套房了，怎么就换来了这样一个白眼狼。

听到这里，我无比心疼这个“坏孩子”。

经常逃课，父母不知道；把乱七八糟的东西偷回家，父母没察觉。

他到底是在什么样的环境中，蜷缩着长大的？

我问小毅，为什么要偷东西。他的回答很简单——我觉得爽，偷这么多东西，他们（超市工作人员）都捉不到我，我多厉害啊！

偷东西是道德层面的问题，可我却不忍心责怪这个孩子。

一个孩子，内心要多么荒凉，才会从偷东西上寻找自信、寻找自我存在的价值感？一个孩子，内心要多么寂寞，才会故意把偷来的东西拿回家，希望引起父母的注意？

所以说，那些给小毅报辅导班的钱，真该拿来给父母报辅导班：告诉他们，孩子不会生来就是坏孩子，也不会生来就是好孩子；

告诉他们，孩子的成长，父母的言行和关爱起决定性作用；

告诉他们，再不去爱孩子，他真的就要长大了；

告诉他们，孩子行为不端，父母一定有责任。

其实教育最关键的几年是在青春期之前。可是来求助的家长，他们的孩子往往正处于青春期，这些父母没有意识到孩子是怎么长大的，他们只关心孩子为什么没有长好。青春期更像是“秋后算账”的时刻——我们在前些年欠的债，现在都要偿还了。

那些只懂得秋后算账的父母，没有先于孩子成长，也没有和孩子一起“长大”，直到孩子出现问题才意识到自己有问题。

人格是怎么形成的？是从小到大的认知、情绪和行为经过长期的循环，得以固化，最终成为一个人的性格。我们不能只看到最后的产物，而不去看前面的过程。

就像一个人背着空书包前行，后面有人偷偷往他包里放纸。放一张的时候，他没有感觉；放两张的时候，也没有感觉；甚至放到第十张的时候，仍没有感觉。

可是，总有一张纸最终使他察觉出异样。

我们往往会责怪那最后一张纸，却忘记了每一张纸都不是无辜的，每一张纸都不容忽略。

孩子的成长，从他们尚在母腹中就已经开始了。教育孩子走过的路，每一步都会留下印迹。如果父母有“偷懒”的时候，那他一定会找机会反击。反击带来的伤害，不是给了父母一生忧愁，就是给了孩子一生创伤，抑或是父母与孩子两败俱伤。

小毅从一出生就没有吃过母乳。并不是妈妈没有奶，而是工作太忙难以抽身，她必须回到公司与先生并肩作战。

1 岁时，小毅跌跌撞撞地学习走路，都是保姆阿姨看护他。他磕着、碰着、摔倒时，从来都没有得到过爸爸妈妈的爱抚。

3 岁时，小毅上幼儿园，爸爸妈妈给他报了国际双语幼儿园，上各种课后辅导班，还有夏令营也几乎没有落过。他们也曾设想，自己的孩子在精英教育的培养下会变成什么样的精英。

6 岁时，小毅第一次期末考试，87 分的成绩令他记忆犹新。因为那次考试，爸爸第一次打他，说他不争气，对不起花的钱。他还记得爸爸妈妈的争吵声——因他而争吵。妈妈说“他还是个孩子”，爸爸说“都怪你一直惯着他”。

8 岁时，小毅想要一个洋娃娃，就是觉得很漂亮、可爱。爸爸说他是“贾宝玉”，有那瞎折腾的工夫不如去看书；妈妈将信将疑地看着他，仿佛他是个怪物。他不是怪物，只是有那么几个瞬间，想要一个娃娃而已。

12岁时，爸爸妈妈给他请了一个家教，特级教师，一节课500元。他告诉爸妈这个老师总是拧他，还老是“顺”家里的东西。爸妈不相信他，还说他为了不学习总是找借口。

3岁以前的那些事，是小毅妈妈怀着忏悔告诉我的。3岁以后的事，是小毅自己跟我说的。虽然过去了很多年，但当时的情景，当时每个人说话的表情、声音，他都历历在目，刻在脑子里。

说到这里，你还要怪孩子不懂事吗？

真正不懂事的，是父母啊！

我们没有理由要求孩子长成什么样，只能要求自己成为什么样的父母。

爱孩子是连老母鸡都知道的事，教育孩子是父母的职责。孩子是一点点变“坏”的，不是突然间就变成了“坏孩子”。

孩子在母亲的子宫里就开始成长了。他们从一个受精卵分化出手脚，慢慢拥有独立思想和行为能力。成长的过程是缓慢的，他们的变化当然也是日积月累的。

作为一名妈妈，我不忍心责备一些父母，但他们在孩子“好管”的时候真的不懂什么是教育。在“父母”这个身份上，他们也许只有几岁的年龄。

我写本书的主要目的，就是劝勉家长率先成长。不要等孩子出了问题再去教育，不要把原生家庭的创伤带给孩子，更不要把孩子的问题都归结到他们身上。

说到这里，我想讲一个心理学上很著名的实验——班杜拉实验。

斯坦福大学幼儿园有36名男孩儿和36名女孩儿参加了实验。他们的年龄分布在3～6岁。工作人员把儿童分成三组，每组24人，通过观察成年人殴打玩偶的行为，来研究成年人暴力行为对儿童的影响。

实验开始后，实验一组和实验二组的儿童分别被带进有玩具的房间，房间里都有一个1.5米高的大型玩偶“波波”。接着，成年实验者进入屋子，加入小朋友们的活动和游戏。

10分钟后，实验一组所在房间的成年人开始猛烈地攻击波波玩偶，骑在玩偶身上，用手或者锤子击打波波的头部，把波波举起来摔来摔去，嘴里还说着各种恶毒的话。

实验二组所在房间的成年人安静地玩儿其他玩具，不去“招惹”波波玩偶。

第三组儿童作为对照组，他们的房间里不出现任何成年人。

10分钟以后，所有的孩子被带到第二个房间。这个房间里依然有很多玩具，洋娃娃、消防车模型、飞机模型，但他们却被告知不允许玩儿房间内的任何玩具。

这个步骤的目的就是要激发孩子的挫败感，看他们到了下一个房间，有了可发泄的波波玩偶后会做何反应。

实验的最后一步就是把孩子们都带到第三个房间，那里有一些攻击性的用品，比如锤子、绳子、标枪，还有一些非攻击性的玩具，比如颜料、画笔。

如大家所测，实验结果显示，观察了暴力行为的孩子暴力倾向更显著。

班杜拉实验告诉我们一个真相，就是孩子通过观察来学习。如果他们看到的是暴力，就会有暴力行为；如果看到的是温柔，就会有温柔行为。

虽然实验结果好像在说着我们每个人都知道的事实，可生活中我们不就是那个击打波波玩偶的成年实验者吗？

我们在孩子面前有各种言行，有时候温柔，有时候暴怒，有时候尖酸，有时候软弱。这些行为就是我们给孩子制造的土壤，他们在不经意间汲取我们给予的养分。

如果养分是甘甜的，孩子吸收的就是甘甜的；如果养分是苦涩的，孩子也不得不吸收这样的苦涩。

正是因为孩子无法选择，我们才必须让自己的土壤变得肥沃。

有兴趣的家长，可以去网上搜索班杜拉实验的视频。当你看到那些恶狠狠的孩子，看到那些原本童真的面孔变得狰狞时，你就会发现言传身教的力量真是太大了。

父母可能就是那个击打波波玩偶的成年人，我们的言行在不经意间影响着孩子。不只是言行，我们的心理动态也会加倍地作用在孩子身上。

我们对孩子的爱，也许是出于爱的习性，或出于想象中的爱，但那很可能是我们“自以为是”的爱。

儿童教育家孙瑞雪说，你以为你爱孩子，你想象你可以爱孩子，你认为这就是爱孩子，但那和真的爱孩子是有差别的。也许你需要停下来看看，你是不是基于自己的想法、恐惧、焦虑和习性来爱孩子。这可能意味着你更爱自己的想法，更爱自己的恐惧，更爱自己的焦虑，更爱自己的习性。爱就是爱，恐惧就是恐惧，焦虑就是焦虑，认为就是认为，一切如是。我们要学会将爱剥离出来，这样孩子才可以真正接收到爱的礼物。

爱一个人，爱一个孩子，不是具有爱的本能就可以，我们还需要有爱的能力。想要获取爱的能力，其实就是一个“上辅导班”的过程。即使为人父母，也不要停止成长，也不要放弃心理建设。

我们用 20 年的时间被别人爱，用一生的时间学会爱别人。

出了问题再教育，亡羊补牢也很无力

前面偷的懒，后面都得补

在刚生完孩子的几年，大多数父母都意识不到教育的重要性，因为那时孩子很“好管”，甚至不用“管”就可以非常机灵可爱。

等孩子到了不受控制、容易出差错的年纪，再想去教化孩子就已经太晚太晚。

“孩子不听话，就是苦头吃得太少”。这是大多数家长的想法。多少家长在孩子出现问题时，一心认为孩子生活得太顺风顺水才会“不听话”。

2019 年，继杨永信网瘾戒除室、江西豫章书院后，又有一家“青少年辅导中心”被曝以拯救之名行伤害孩子之事。

17 岁男孩儿小李曾是成都一家“青少年心理辅导中心”的学生，因为非常叛逆，父母一筹莫展。

恰好看到网上的广告，就把小李送到了那里。父母也许只期待这所“学校”是一个时光机器，还给他们一个乖巧懂事的孩子，却不知道孩子在里面过着什么样的生活。

小李一进宿舍就有五六个陌生人搜身，身上什么都不让带；下午被强行剪短了头发；第二天就开始训练，跑不动的时候，被两个人架着跑；新生之间不允许交流；犯了错误要被罚站一晚或半晚；罚站时不能打瞌睡，如果打了瞌睡就要站在冷水里。

这名 17 岁男孩儿将其形容为“人间炼狱”真的不为过。身体精神被双重摧残，想要自杀都不可能，因为有人随时跟着。

那么，经过训练之后的孩子是不是真的就“听话”了呢？

是啊，当然会。

他们会变得沉默寡言，内心阴郁。他们不再叛逆，也不会活泼开朗了。

豫章书院、成都嘉年华这样的“学校”不会是最后一次被曝光，因为总有家长面对“问题孩子”会病急乱投医，他们觉得孩子就是吃苦太少才这么“不乖”。

出了严重问题才想到教育，却忽略了出问题前没打好“地基”。想要突然收获一个好孩子，是不可能的。

教育是在生活方方面面润物细无声的过程，前面偷的懒，后面都得补。

那个看起来不乖的孩子并不坏

为人父母，我们总是对孩子有种期待，希望他天生就是好孩子。如果中途“变质”，那一定是孩子做得不对。

就像在成都嘉年华虐待孩子的新闻下面有很多评论，支持这样的“教育”。

“父母肯定是管不了才往这里送，出事之前打压气焰挺好的”。

“不听话就得挨揍，人都是从教训中学会懂事的”。

教育无力，孩子变坏，只能靠揍。

孩子小时候都是那么乖巧可爱，就像天使。

从什么时候开始，他们变坏了，或者说从什么时候开始，我们认为他们变坏了。

在另一所“青少年心理治疗学校”的成功案例中，有这样一个“问题女孩儿”。

妈妈在外地工作，周末才回家一次，爸爸不上班，每天在家炒股。初中时，这个女孩儿开始厌学。

父母陪伴长期缺失导致孩子出现厌学情绪，恐怕不是孩子一个人的问题。

孩子叛逆不乖，与我们期待的好孩子不一样，所以他们理所应当要变好。

其实，孩子在不同的阶段会出现不同的问题，这是他们成长的特点，不是缺点。

2岁的孩子爱说“不”，6岁的孩子爱磨蹭，10岁的孩子爱反抗。

这些都是孩子成长中再正常不过的特征。只不过他们小的时候没有太大能力对抗我们，只能乖乖服从，长大后才成了“肉眼可见”的问题。

三毛在《雨季不再来》中写道：“有时候，我多么希望能有一双睿智的眼睛能够看穿我，能够明白了解我的一切，包括所有的斑斓和荒芜。”[1]

我们期待孩子变得符合我们的期待，孩子却期待自己内心的故事能被大人看到。

没有突然变坏的孩子，只有错过的教育时机

我们都是从青春期走过的人，知道什么样的孩子在父母眼里是“坏孩子”——不好好学习，沉迷上网，早恋，专注做与学习无关的事情。

当我们剖析一个孩子的内心世界，就知道他们不是故意变坏，而是从家庭中得不到满足，只能从别的方面去找寻。

我认识一个曾经的“坏孩子”颖子，上学的时候她可真是令人头疼。上课看电影，下课去网吧，还和隔壁班的一个男生早恋。

她的父母也想过送她去那种夏令营，甚至还想过送她去部队。

1. 三毛：《雨季不再来》，北京出版集团北京十月文艺出版社，2017年版。

一提到这个孩子，亲戚们都咂嘴表示惋惜。可是，似乎没有人关注过这个“坏孩子”的内心世界。

颖子生活在一个“又冷又热”的家庭。“冷”是因为父母几乎零交流，谁也看不上谁。“热”是因为两个人的所有目光都盯着她，两人经常“团结一致”打她骂她。

在学校她不爱说话，也不被老师喜欢。为了能融入同学中间，引起大家的注意，她只能多关注时髦、流行的东西，以此吸引目光。

她上课听不懂，下课不敢问。考得不好的时候，被老师看不起，被爸妈“混合双打”。

她说：“别人都觉得我游戏人间，我却觉得人间是炼狱！”

李玫瑾教授指出，父母在孩子青春期之前要多说话，青春期之后要少说话。

虽然孩子多是进入青春期后出现问题，但真正的教育应该在青春期之前进行。

在孩子世界观、人生观构建的过程中，父母的引导与尊重很重要。

如果一个 5 岁的孩子没有得到足够的爱与包容，等他到了 15 岁，有能力去寻找、有机会去遇到的时候，当然会奋不顾身。

颖子的爸妈在她生命早期没有给予足够的关爱和认同，等她到了有自主能力的时候，哪怕抓到一点点甜都会拼尽全力。

也许那个孩子从外面看起来乖张叛逆，但从他成长的轨迹中我们却看到父母对其缺失教育。

等孩子出了问题再去教育，亲子关系已经积累了诸多问题。

没有坏孩子，只有不会爱的爸妈

《哪吒之魔童降世》就讲述了起跑线完全不同的两个孩子的故事。哪吒是魔童，注定要给世界带来灾难。敖丙是灵珠，肩负着拯救世界的任务。

即便爸妈已经知道了哪吒的命运，也没有放弃他，而是努力教化他，教他爱与纯良。

哪吒虽然调皮，却从来不会伤人性命，因为父母教育他要善良为人。

而敖丙带着全族人的希望，不敢交朋友，不敢一天不练功，没有自己的童年，更没有自己的人生掌控权。

最后，灵珠敖丙一念之间差点屠城，魔童哪吒一句“我命由我不由天”拯救了整个陈塘关。

我们的孩子，很可能是敖丙。大家都觉得这宝宝小时候很乖，长大后却突然变坏了。

殊不知，“突然”变坏的孩子，都是我们在教育上偷懒造成的。

责怪灵珠突然变得暴戾，不如去想想，在他成长的路上父母有没有给予充分的接纳与包容。告诉他，即使不成功也没关系，即使做错了爸妈依然爱你。

也许我们不是教育专家，不懂得多么精妙的教育方式，但只要记住，以身作则，多陪伴、多尊重，就够了。

在孩子很小的时候，教育就应该开始了。不要觉得他们小，我们还可以“镇压”，就可以放任自流。等出现问题才想到教育的重要性，不如平时细水长流去关爱。

小时候，他们没有拥抱，等长大了就不会懂得什么是亲密关系；

小时候，他们不知道规则与控制，等长大了就不会懂得节制；

小时候，他们生活在纷争与负能量里，等长大了就不会变得阳光；

小时候，他们不被尊重和认可，等长大了就很难学会尊重别人。

问题一点点积压，会在孩子内心形成极大的心理旋涡。等将来有一天突然爆发再去压制，只会两败俱伤。

其实，我们的孩子更多的时候像哪吒，天生调皮，从小就有些小叛逆，可是只要好好教育、好好关爱，他真的不是坏孩子。但是不要错过时机，不要失去给孩子积攒爱的资本的最好时机。

如果你的孩子还小，那么恭喜你，这么早就认识到了父母成长的重要性。如果你朋友的孩子还小，请记得提醒他们，不要等出了问题再教育，那就真的很难了。

中国传统打击式教育是毒药

我们从小被教育要谦虚，所以我们国家的人带着一些谦逊，仿佛谁要是夸自己的孩子，那就是自傲、自满。我们讲父母成长，为什么要单独把否定式教育拿出来说？因为我们的父母几乎都接受过“棍棒底下出孝子”式的教育，而这种烙印很可能传递给了新生代爸妈。

我们一定要认识这种烙印，认识自己会给孩子带来局限，也顺便认识一下自己如今敏感的内心到底有没有根源。

在热播电视剧《庆余年》中，郭麒麟饰演的范思辙是一个聪明搞笑、古灵精怪的大男孩儿，承包了整部剧的笑点。

就是这样一个人见人爱的范思辙，身上却折射出传统教育中最令人心痛的一幕。

范思辙是个富家公子，按理说家里不缺钱，但他却对赚钱情有独钟。哥哥写了一本畅销书，在别人还一脸茫然的时候，范思辙就已经谋划出一条完整的产业链。

他不借助任何工具，口算就能算出一本书的纯利润能达到九万六千七百六十八两……

在别人看起来，他只是一个聪明又爱钱的孩子。可是，也许只有他知道，自己是渴望被父亲认可。

虽然他很优秀，但父亲范建看他却像《红楼梦》里贾政看贾宝玉一样——文也不成，武也不就，成天游手好闲，简直一无是处。

自己在父亲眼里是渣滓，可父亲却是他的超级英雄。

父亲是户部侍郎，负责掌管钱财。他崇拜父亲，所以希望通过这样的方式，离父亲近一点，得到父亲的认可。

即使父亲无缘无故罚他下跪，他想的还是“肯定是又做了什么事，让爹不高兴了”。

一个从来没有得到过父母认可的孩子，从来不会觉得是父母不对，他们只会觉得是自己不够好。

“我不够好”的心理旋涡会跟随他们一辈子。

从我开始从事教育心理工作开始，很多朋友都会问我一个问题——真有这么多问题孩子和问题家长吗？大街上走着的行人，看起来都挺正常的啊。

其实这就是现实。孩子会长大，长得比我们还高，看起来正常无比，甚至成绩优异，找到一个还不错的工作。

但是，这就代表他们的人生圆满了吗？

他们午夜梦回时流下的泪水，全都是对自己的怀疑，全都是人生不可弥补的伤痛。

有的孩子一生都在等候父母一句肯定的话、一个肯定的眼神。

水滴石穿的否定使孩子一生自我怀疑

中国父母有一个非常奇怪的逻辑，就是激将式育儿——把孩子说得越不堪，他们越能够奋起直追，触底反弹。

还有“骄傲使人落后，谦虚使人进步”的名言鞭策。每当孩子有一点点成绩的时候，一定不能让孩子变成骄傲的小天鹅。

这样的谦虚是父母对孩子的否定，是对孩子自信心的打击。

的确，激将法能使人奋进，能刺激人进取。但在家庭中，如果孩子从小被负面评价刺激，不断地被否定，那么他们内心的“定海神针”就会被摧毁。直到有一天，他们没有了自信，灵魂被自卑与怀疑充斥。

激将与打击不仅不能成就孩子，还可能摧毁孩子。

有人会觉得，现在社会压力这么大，孩子长大后总要面对打击，怎么父母的否定就致命了呢？

外人一两句否定的话，孩子还能够释怀，毕竟那种否定只是偶然的，是别人不了解而做出的评价。

可父母的否定会产生“水滴石穿”的效应。那种作用是长期、缓慢和直击心灵的。

在孩子成长过程中，父母是最亲近的人，也是最了解他们的人。

就像父母对孩子的期待一样，孩子对父母的爱也有很高的期待。从高处跌落的伤痛比平地上的跌倒严重百倍。

父母的打击就像一种原始的负面积累，让孩子不敢相信爱，也不敢相信自己。因此，他们需要更多成就才能建立自信。

童年时产生的心灵黑洞，终其一生都难以填满。

原生自卑是孩子一生的黑洞

心理学上有一个词，叫原生自卑，是指原生家庭中的父母长期否定、打击或冷暴力，给孩子带来了自卑感。

我有一个高中同学，她在同学们眼里是个“矫情”的女同学。直到学习了心理学之后，我才明白她的很多举动是出于原生自卑。

上学的时候，她几乎是稳居第一名，不仅如此，她还要超过第二名很多分才会满足。

有一次，她比第二名只高出 3 分，所以在宿舍哭了好久好久。

我们背后都说她，饱汉不知饿汉饥，一点都不考虑宿舍其他人分数不理想的感受。

可是，在几天后的家长会上，我偶然听到她和妈妈的谈话，这才知道 3 分让她惶恐万分，她真的没有觉得自己比别人强。

“你马上就要被超过了，你知道吗？”

“这个社会多残酷，高考竞争多激烈，你知道吗？”

“你说你长得不行，做事也不机灵，要是学习再不好，将来你怎么办？”

在背后“鞭策”她的一直是妈妈。她的心就像被置身荒野一样，丝毫找不到归属，她只能不断地向前、向前、向前。

现在的她，事业有成，工作能力出众，可并不快乐，婚姻也不幸福，和丈夫几乎无话可说。

她拼命努力，用 100 分的成绩才能给自信加 1 分，可别人一句否定的话又把她打回了原形。

人常常从别人的评价中建立自己的价值，这无可厚非。在家庭的“原始积累”中没有获得足够养分的孩子，他们只能拼命去找寻才能抓到一丝丝的甜。

有人说，从小被否定的孩子一生都不会爱自己。

这句话，一点都不夸张。

所谓“爱自己”，并不是给自己买好吃的、买奢侈品，也不是惯着自己做一切想做的事，而是真正地悦纳自己。不管是优点还是缺点，都能接纳自己。

自卑的孩子，不敢承认自己很好，只会从自己身上找问题。

孩子渴望的不过是情绪认同

在我们的文化中，称赞与肯定仿佛是毒药——会让孩子飘飘然——毕竟骄傲使人落后。

其实，孩子需要的“肯定”不一定是多么华丽的辞藻，也不一定是父母的花式赞美。他们需要的不过是情绪的认同。

姜文做客《十三邀》时，主持人许知远问他：“人生有没有什么遗憾？”

他说，父母的差评是我人生最大的挫折。

考上中戏那年，他跟母亲分享，母亲却开启挑毛病模式——你那一盆衣服还没洗呢。

其实我们可以想象，当时姜文母亲一定是开心的，自己的儿子考上大学，出人头地，她内心一定非常欢喜。但是到了嘴上就变成了否定的话。

姜文说，我不知道怎么能让她为我所做的事情而高兴。

我们承认，在我们的文化中，让一位人到中年的母亲说出一句“你真棒”，实在太难了。

可孩子需要的不过就是父母与他们情绪的共鸣。

56 岁的姜文，功成名就，却依然难以自信。

也许他渴望的只不过是自己的真情实感能够被父母看到。

随着孩子长大，他们有了辨别是非的能力。知道哪些事是对的，哪些事是错的，哪些事是值得欣喜的，哪些事是令人沮丧的。

比是非对错更重要的，是情感的接纳。

谁都知道，夸奖令人兴奋，贬低令人沮丧，孩子当然也是如此。

当孩子说“妈妈，我没考好”时，他们需要的不是“你要继续努力”，而是“妈妈知道你难过，下学期我们继续加油就好了”。

当孩子说“妈妈，我考了第一名”时，他们需要的不是“不要骄傲”，而是“妈妈真替你开心，我就知道你可以做到”。

家庭真的不是判断对错的地方，而是接纳情绪、共情共融的地方。

父母的认同是孩子一生的心理资本

批评与责怪只能强化孩子的受害者意识。他们不仅会无力、无助，还会试着认同对方否定的话，开始自我攻击。

为人父母，本质上就是在孩子成人前给他们备足走上社会的“粮食”。

这种粮食不是多少财富，而是他们面对世界和挫折的勇气。

内心充满爱和自信的孩子就是有底气的孩子。

不管他们处在人生的什么阶段，都能找到自己的定位，拥有悦纳自己的能力。

父母给予孩子的“原始资本”，是他们一生都享用不尽的财富。

不要再给孩子差评了，除非我们希望他长成差评的样子。

如果孩子做错事，多一点耐心；如果孩子做得好，多一点鼓励。

请放心，孩子真的不会被夸坏。

谁敢承认，自己养娃是“看心情”的

如果我说父母会把孩子当“玩物”，很多家长一定会义愤填膺，坚决反对。可是从行为看，我们很多时候就是把孩子当玩物对待。

有多少家长，高兴的时候把孩子搂在怀里，恨不得给他们摘月亮；心烦的时候看着孩子就不顺眼，恨不得揍一顿。

这不就是把孩子当玩物吗？

没有成长起来的父母就像是几岁的孩子，他们不懂得怎么去爱，不懂得爱的重要性。“看心情”式的教育毁了孩子的童年。

心情式育儿让孩子神经敏感

我相信，世界上没有不爱孩子的父母。

同时，我更相信，很多父母对孩子的爱就像恋爱中的怨侣。爱的时候，把心掏出来，烦的时候，恨到牙根痒痒。

每个家庭都有自己的教育方式和节奏，对孩子偏爱或严格都无可厚非，但是最怕时好时坏的心情，说来就来的宠溺。

亲子类综艺节目《爸爸去哪儿》曾被痛批。其中有一位“霸道总裁”爸爸杨烁，以他军训般的育儿方式上了热搜。有人说他凶，有人说他过分严格，其实我觉得更可怕的是他前一秒凶神恶煞，下一秒又去宠爱的“心情式育儿”。

在从下车到走进房子的过程中，爸爸不断地挑儿子的毛病。儿子衣服的袖子有点长，他不是跟孩子好好说“把衣服挽好”，而是冷嘲热讽“能挽好吗”。

儿子走路有点内八字，爸爸没有想到是孩子发育的问题，而是觉得儿子不好好走路。又一波冷嘲热讽来临：

“脚尖冲前！”

“不会走路是吧。”

“回去重新走一遍！”

整个过程，儿子都一脸委屈，一脸紧张，脚步都有点迈不开，不知道怎么走才是对的。

如果爸爸一直这样严格，我们也许还能勉强理解为他就是这样一个对孩子严格的人。但是很快，他又变成了一个慈父。

来到一个风景不错的地方，他又想给孩子留下一段美好的回忆，提出一起拍照。被拎到一边的儿子，一脸无奈，被迫合影。

严厉，是爸爸所愿；感性，也是爸爸所愿。

拍完照之后，爸爸又开启了“严格—挑毛病—心情不好”的模式。

工作人员告诉他，他们选择的5号房是海拔最高的，如果一会儿孩子不舒服，可以适当抱一下他。杨烁则说：“他自己选的，自己承担。”

整个过程，爸爸不仅没有抱儿子，还一直在身后催促：“要是让我先跨进门槛，你就从头走一遍。”

虽然行动上他故意放慢，但是言语依然严厉。两个人到了房间附近，爸爸又开始感性起来，问儿子：“美不美？”

孩子还有心情看风景吗？但却依然被迫说“美”。

如果说用一个词来形容杨烁的教育方式，我想不是“打击式育儿”，也不是“语言暴力”，而是“心情式育儿”。

心情式育儿比打击和语言暴力更可怕。它不只是让孩子惧怕，还让孩子神经敏感，不知道下一秒迎接自己的是“抱抱”还是“暴暴”。

心情式育儿的悲哀

那位明星爸爸认为儿子内向不爱说话，但儿子却懂得安慰哭泣的小妹妹，也能在大家一起背诗做游戏时主动举手，表现得落落大方，一看就是愿意融入集体的孩子。

只有和爸爸在一起的时候，他表现得内向不爱说话。其实像明星杨烁这样的家长不在少数。

面对家长的“看心情”，孩子可能会选择冷漠以对，或者假装内向。心情式育儿的悲哀在于孩子不敢与父母亲密接触。

试想一下，在孩子眼里，心情时好时坏的家长是什么形象？

可能是定时炸弹，不知道什么时候情绪爆炸；

可能是温柔软糖，不知道什么时候柔软甜蜜；

可能是规则弹簧，不知道下一秒的要求是松是紧。

家长严格的时候，孩子心里紧张，但知道也许他们心情马上能变好，忘记自己的错误；家长对孩子好的时候，孩子心里又不敢放松，担心他们情绪可能会急转弯。

孩子小的时候很难去判断父母的情绪，摇摆不定的父母让孩子不敢靠近，也不敢信任。

于是，父母在孩子眼里就变成了凶的时候不是真凶，爱的时候也不是真爱。

我的妈妈就是一个看心情的人。她是疼我的，我一直都知道，但是，我却不敢与她太过亲密。

我每天最害怕的就是检查作业。有时候，小瑕疵她都不当回事，还耐心鼓励我下次努力；而有时候我明明都做对了，她还要挑小毛病——字迹不工整啦，时间太拖沓啦。

那种紧张感被带到了生活的方方面面。

无论妈妈跟我承诺什么事，我都不敢相信。她疼爱我、宠爱我的时候，我珍惜却又不敢太贪婪。

我记得非常清楚，妈妈经常在上班前悄悄走进我的房间，给我掖掖被子，幸福地看着我。

那些时刻，我大多是醒着的，可我只能装睡，不敢去看她。

我并不是恨她昨晚对我的挑剔，而是不知道怎么面对这样的亲密场景。

孩子是非常感性的，他们的情感就像戴了放大镜。

父母震怒，他们会紧张；父母疼爱，他们会幸福。

趋利避害，渴望安全感，是人的天性。

可当这两种情绪融合在一起的时候，震怒的紧张感是加倍的，安全感却减弱了。

自己的情绪自己承担

父母心情好的时候，孩子做什么都可以；心情不好的时候，看什么都不顺眼。

相比家长的强势，孩子反而像一个玩物，被招之即来，挥之则去。

看起来是家长强大，其实是孩子在支撑着家长。

琳赛·吉布森在《不成熟的父母》[2]中说，情感不成熟的人只有在别人完全服从于他们的时候，才会感觉良好。

而情感不成熟的父母，其自我价值感也是不稳定的，所以他们

2. [美] 琳赛·吉布森著，魏宁、况辉译：《不成熟的父母》，机械工业出版社，2017 年版。

难以接纳自己，也难以接纳孩子。

父母的情绪往往会映射到孩子身上。孩子何其弱小，何其无辜，如何才能承受父母的“冰火两重天”？

其实，父母只有学会管理情绪，孩子才能在安稳、温暖笼罩的环境中幸福地长大，才能建立安全感。

父母有时候开心，有时候沮丧，这是再正常不过的事，只是不能把孩子当成自己的“接盘侠”。

同事张姐是个工作上雷厉风行的人，没想到的是，她的女儿盈盈竟然是个阳光开朗、乐观柔和的小女孩儿。

她每天放学后来我们办公室写作业，谦和有礼，活泼又不令人厌烦。我们都好奇，张姐是怎么养出这么一个跟她脾气相反的女儿的。

经过一段时间观察，我发现不管张姐工作多忙，多么烦躁，她对待女儿却是不急不躁。她这么看重业绩的人，对女儿的成绩却表现得云淡风轻。

即使女儿学习退步或考试成绩不好，她也能找到女儿的优点，给女儿一些平衡。

她告诉我，孩子考不好时心情已经不好了，觉得丢人了，我们没有必要再去给孩子压力，更不能因为自己心情不好，让孩子承接我们的情绪。在其他沮丧的事情上也是一样。

不要用心情去主导自己的生活，更不要用心情去主导教育。

自己的情绪自己承担，不要让孩子成为父母的替罪羊。

家长们，请“从一而终”

前不久，看到一则令人心痛的新闻。

陕西西安一名7岁男童遭亲妈家暴长达两年。妈妈心情不好的时候就会拿电线、刀具打他。

小男孩儿娇嫩的身体新伤叠旧伤，旧伤加新伤。

记者问他想不想妈妈，他说了一句令人泪流满面的话：想妈妈，哪怕她打我，也想和她待在一起。

这个阶段的孩子多单纯，多依恋妈妈！

而我们为人父母，又是怎么伤害孩子的单纯与依恋的？

可能我们不会像新闻中的妈妈一样用那么残忍的手段，但我们把自己的情绪加注在孩子身上的时候，不就是在暴击他们吗？

作为一名母亲，我知道这个社会当“好妈妈”的成本有多高，所以不忍心要求所有的妈妈都温柔如水。

可作为一名曾经受过伤害的孩子，我希望家长们能够“从一而终”。

严厉一点，没有关系；温柔一点，无可厚非。

千万别把时好时坏的心情用在教育孩子上，使孩子不敢信任我们，也不敢爱我们。

心情不好的时候，我们可以通过别的方式发泄，不要把孩子当成“沙袋”。不要把孩子当成玩物，喜欢的时候稀罕一番，不喜欢的时候抛在一边。

他们不是玩物，是独立的个体。

也只有在他们小的时候，完全依恋我们的时候，才会任由我们“摆布”。

我们不过是欺负孩子打不过我们，所以才敢肆意妄为。

当有一天，孩子不那么依恋父母了，我们就只能守着自己的伤口舔舐。

孩子不愿意与父母亲近，那才是教育与亲情最悲哀的时候。

好好爱孩子吧，要不然他们真就长大了！

父母什么态度，孩子什么样子

各行各业几乎都需要从业资格证，唯有父母这项伟大的工作没有门槛。“无证驾驶”的我们在未经“雕琢”时凭借成长经历和眼界胸怀去培养孩子。

这种眼界胸怀与文化水平无关，与父母的性格和成长经历有关。我们甚至不知道自己的一些做法是错的，孩子更不会认为我们做错了。父母身上的烙印可能会影响孩子的一生。

你可能觉得这样说有些严重，我们通过一个例子来看看父母的局限对孩子的影响。

我很喜欢《知否知否，应是绿肥红瘦》这部电视剧。很多人看的可能是俊男靓女、风花雪月，而我却喜欢研究盛家三个不同性格女儿的养成记。

盛家的三个女儿分别由三个母亲所生。如兰是正室嫡出，为人有些笨，但是却很善良，最喜欢做的事情就是跟妹妹墨兰争风吃醋。

墨兰是最受宠爱的妾室林小娘所生，心思重，嫉妒心强，最喜欢耍手段，靠装柔弱博得同情。

相比这两个要么有身份，要么有宠爱的姐姐，明兰的存在感几乎是最低的。她的生母在她还是个孩子的时候就难产去世，明兰从小在祖母身边长大。

这三个女孩儿由同一父亲所生，却由三个不同的人养育长大。她们曾经都是天真烂漫、花儿一样的女孩儿，可由于教养方式不同、教育重点不同，她们的人生有了不同的走向，越来越像自己的养育者。

如兰是家里的嫡女，和母亲一样，有些大小姐脾气，但是为人宽厚，善良正直。明兰的祖母是勇毅侯的独女，懂得女性要凭借自己的力量获得幸福，三观极正。

而墨兰呢，是三个女儿中最得宠的，和母亲一样整天学习吟诗作对，摇曳生姿。在那个年代，大家闺秀学习的都是焚香煮茶、读书算账。至于吟诗作对、吹拉弹唱则是秦楼楚馆的青楼女子最擅长的。

最后墨兰的下场也是最惨的。她与伯爵公子婚前通奸，手段下作，差点毁掉全家的名声才嫁到伯爵府。伯爵公子风流成性，得知了她用计勾引自己的真相后彻底抛弃了她。

有人说，如兰和明兰从小学习的都是正室嫡妻的做派，而墨兰从小学习的就是侧房小娘的那一套风花雪月、娇羞做作——把所有精力都用来吸引夫君。没错，这是她人生悲剧的来源，也是生母林小娘给她的教育。

那么，是不是都怪林小娘这个糟糕的妈妈毁了女儿的一生呢？

一定不是的。

说到底，林小娘的阅历也就如此，她用了自以为最好的方法，甚至不惜牺牲性命让女儿嫁入伯爵府。在她看来，女人要想过上幸福生活，只有嫁有钱人这一条路。在她的小世界里，她真的是一名伟大的母亲了。

而这恰恰也是最无力的地方。

有时候我们可能已经很努力了，可孩子还是跟我们越来越像，越来越像，像到我们自己都不知道是好是坏。

人生就像一场旅行，为人父母同样是一次探险。我们必须不断突破自己、改变自己，学会察觉自己的内心，认识孩子的心理。

我认识很多妈妈，她们都非常努力、非常用心地养育孩子。可是，孩子最需要的是精美的辅食和昂贵的玩具吗？

其实，孩子最需要的，是一位能让自己正衣冠、明得失的妈妈。

网上有句很流行的话——妈妈什么脾气，孩子什么命

不只是妈妈，养育者是什么脾气，孩子就是什么命。我越琢磨这句话就越觉得它有深意。结合身边很多孩子的经历，我总是能感受到这句话背后的寒意。

我有一个朋友家境很好，但脾气很坏。她儿子从小穿的衣服，

都是我舍不得买的那些牌子。一件普通的T恤就500多元；1岁多的男孩儿，一身小西装就上千元；孩子吃的辅食都是专门买纯手工无添加的；乐高积木一定要用国外代购的，几千元的早教机买起来从不眨眼……

每当我看到她都觉得自惭形秽。同样是当妈，人家能给孩子这么好的生活。直到有一次我们一起带孩子吃饭，我才意识到，她的儿子一点都不幸福，相反，还是个很可怜的娃儿。

那天她的儿子坐在宝宝椅上，喝着我没有见过的品牌酸奶。也许他平时都是用吸管喝，但那天小朋友突然想要端起瓶子往嘴里倒。小孩子的手是没有轻重的，一不小心就洒了一身，精美的小西服上粘了一大片白色的酸奶，画面确实很凌乱。

我以为朋友会赶紧拿纸给孩子清理掉，没想到她做的第一件事就是抽了儿子两个耳光："你怎么这么不懂事！你知道这衣服多贵吗？弄得这么脏你洗啊！"

只有三岁半的小男孩儿被妈妈打后的第一反应就是拉着妈妈的衣袖大哭："妈妈你别生气，妈妈你别生气……"

小男孩儿惊恐的眼神刻在我的脑子里，成为我教育路上最深刻的一课。

他纵使家境不错，家中有些权势，可从小要经历这种惊恐，心里会留下一辈子都挥之不去的烙印。

怒吼的是妈妈，无助的是孩子。做错事的是妈妈，承担后果的是孩子。

同样身为人母，我当然知道自己会不断产生负面情绪，会忍不住对没有还击能力的孩子发火。这也是我们需要不断提醒自己的地方。所以父母一定要自我成长，学习调节自己的情绪，丰富自己的人生。

为了孩子，更是为了自己。

我这样讲可能会让很多家长产生不适感，甚至是愧疚感——觉得自己不够好，不够完美，曾经对孩子太苛刻，不知道会不会给孩子造成心理阴影。

适当的愧疚感是好事，但是适当就好，没必要到自责的地步。本书的目的是激发父母的反思。我希望和广大家长朋友们一起成长，尽可能给孩子提供相对幸福又能受益一生的教育环境。

有很多家长在和我深度沟通过后提出疑问——难道都是父母的错？孩子就应该像祖宗一样捧着？

当然不是。

某种意义上，父母和孩子是共生的关系——父母的行为会影响孩子，孩子做得不好也会影响父母。孩子有错，父母也有错。只不过这些错误中，父母可以改进的地方更多，产生的效果更强烈一点。

强调父母言行对孩子的影响，只不过是想告诉父母——在教育的路途中，我们可以稍微再努力一点，不要“野蛮生长式”教育孩子。不过分纵容，也不过分控制；不过分情绪化，也不毫无情绪。

如果教师是人类灵魂的工程师，那父母则是人类性格的工程师。也有很多家长问我：“听说不管就是最好的管？会不会把孩子惯得不像样了？”

我的回答是，当然会。

孩子是爱不坏的，给他们的爱越多越好。但是，孩子的成长并非没有规则，并非没有拒绝。接纳与拒绝、爱与挫折同行，才是完整的教育。

心理学家从“关爱”与“权威”两个维度出发，将父母归为四种类型——民主权威型、绝对权威型、忽视冷漠型和娇惯溺爱型（图1-1）。很多家长可能会觉得“关爱—不权威”是最好的教养方式，那我们一起看看真正的答案吧。

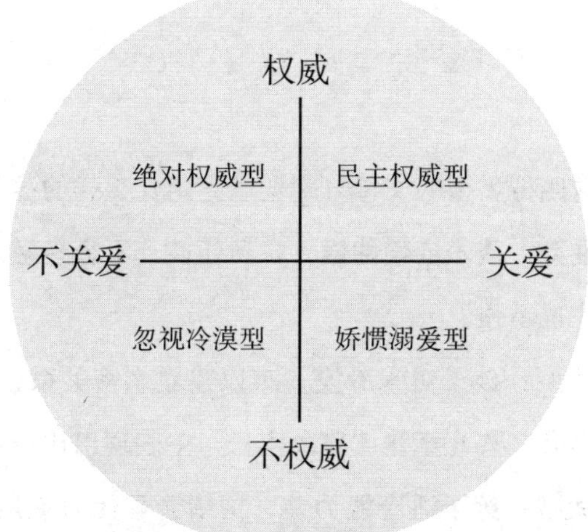

图1-1 “关爱”与“权威”的四种类型

“关爱—不权威”的父母是娇惯溺爱型。他们对孩子有非常多的关爱，却很少有限制；以孩子为中心，过度保护，无原则地宠爱与包容。

“不关爱—不权威”的父母是忽视冷漠型。他们对孩子很少关爱，也很少关注，处于“放养式”状态。这种类型在父母忙碌或由于其他原因疏于管理的家庭中比较常见。

“不关爱—权威”的父母是绝对权威型。他们把孩子当成私有财产，很少去关注孩子的感受，却要求孩子服从自己的想法与期待，要求过高，态度粗暴。

“关爱—权威”的父母是民主权威型。他们对孩子有中等程度的关爱与中等程度的限制。他们在接纳孩子的基础上，还要求孩子学会理解社会的规则，也就是“无条件但有原则的爱”。

因此，你就可以知道，其实“关爱—权威”的父母才是最恰到好处的类型。

那么，这四种类型的父母分别会教育出什么样的孩子呢？

娇惯溺爱型：孩子依赖性强，自私任性，不容易融入集体生活，动手能力往往也不强。

忽视冷漠型：孩子对人冷漠，难以建立亲密关系，缺乏热情与上进心，但也有一些儿童在“自由生长”中表现出比较强的创造力。

绝对权威型：孩子适应能力差，情绪管理能力不强，叛逆反抗又缺乏自信。

民主权威型：孩子独立乐观，善于探索，待人接物能力较强，情绪稳定，态度友好。

看起来，是不是民主权威型的教育能培养出性格更健全的孩子？

家长的特质与性格各不相同。我们不可能要求所有的父母都变成民主权威型父母，但我们可以通过学习和提升自身修养，尽可能地靠近这种方式。

如果孩子已经长大，父母曾经对孩子的态度不那么友好，或者缺少了限制与要求，是不是说明就是糟糕的父母？

在此，我想对所有心存愧疚的父母说一句话——我们要懂孩子的苦，也要懂自己的苦。有时候我们不过是一个有了孩子的孩子，我们带着创伤做了父母。也许外人看来我们做得不够好，可是对我们来说，真的已经尽全力了。

王安石的《游褒禅山记》中有一句话我非常喜欢，也送给在教育路上困惑的父母：

> 尽吾志也，而不能至者，可以无悔矣，其孰能讥之乎？

尽我所能，无愧于心，就够了。

我们尽可能地让自己变得更好，让自己不受固有想法的影响，及时纠偏就已经很棒了。

至于如何成长得更好，如何摆脱自己“野蛮生长”的状态，察觉自身的创伤，这些都与我们的原生家庭有关，也与我们自身的情绪管理有关。

我们自己是什么样的家长，孩子就有什么样的性格。这一堂自我察觉课，我们一定要补上。

都在指责父母，谁来拥抱无助

平心而论，写下很多文字的时候，我的内心经常痛苦挣扎。我知道撕开一个成年人，尤其是成年人原生家庭的伤口，是一件很疼的事。我也知道，家长在读过很多文字，听过很多课程之后会觉得不敢说话了，怎么说都是错，怎么做都可能给孩子带来创伤，那还不如不说不做。而且家长改变了很多，把自己弄得愧疚又痛苦，孩子却丝毫没有改变。那我们学习与成长的目的又是什么呢？

既然会疼，既然会迷茫，为什么我们还要去撕开自己，去面对更加艰难的自己呢？

这一世为人，时间不长不短，按照寿终正寝的话，不过几十年的光景。在看这本书的您，可能已经走过了二三十年了。

我们剩下的时间其实并没有多少，为了自己这一程的人生体验，我觉得我们应该活得充分一点，活得明白一点。敢于对自己说，我活过，我爱过；也为了孩子，让他们也能透彻地活过，爱过。

前几年孩子出了问题，大家都会觉得是孩子不对。可是最近几年，家长们教育意识增强，社会对家庭教育的期望也很高，于是就有了“父母皆祸害”的思想。

孩子出了问题都去指责父母，可父母的不容易也该有人心疼一下。

我们也曾是少女

“我将来当了妈妈，一定不会成为我妈妈这样的妈妈。”谁年少时没有对自己说过这样一句话，谁当年不是这样想的？可最后呢？

风水轮流转，今天到我家。

那些曾经像花儿一样的小姑娘，后来还是变成了“被嫌弃”的妈妈。每个人都是有着周围环境烙印的综合体。一个人之所以成为现在的她，很大程度上是环境造就的，妈妈也是。

教育界习惯把错误都归结在这些妈妈身上。可谁又想过，这些妈妈是怎么长成的？

情感栏目《爱情保卫战》有过一期特殊的调解。小两口因为婆媳问题、夫妻关系等问题闹矛盾要离婚，双方的妈妈也随之登台了。

妻子和丈母娘责怪婆婆爱管闲事，生活精打细算，连水电费都要算计；儿子这么大，还要没收工资卡。

听起来，那位婆婆简直罪大恶极，可是主持人涂磊老师说了一句话，令人瞬间泪目。

他说，这位丈母娘这么年轻、这么漂亮整洁，一看就是有丈夫疼、有女儿爱的。再看看这位婆婆，年轻守寡，就守着这么一个儿子。丈母娘可能永远都不能体会婆婆一个人心酸地去菜市场捡菜叶的情境。太节省，还不是因为没钱，想要管孩子们花钱，还不是因为自己太穷，太没有安全感了！

我们责备妈妈不合格的同时，也要考虑她如何从珍珠变成了鱼眼珠。

没有人想要活成怨妇，没有人想让自己变成唠叨的中年妇女。

每一位妈妈心里都住着 18 岁的自己，想哭就哭，想笑就笑。但是这些，是妈妈心里的呐喊，别人不会顾及。更多人关注的是孩子的教育、孩子的成长。

慢慢地，我们也忘记了，忘记了自己的脆弱。

时间的枯竭

生产时的疼痛，堵奶时的煎熬，三小时一次的夜奶……这些疼痛可能是妈妈们一辈子都不会忘记的。可身体的疼痛并不是最难过的，心理的摧残和社会的期待更让我们喘不过气来。我们得学习，得成长，要不然就会被孩子嫌弃，被社会抛弃。

学习、成长，哪一样不需要时间？而时间，真的是妈妈们的奢侈品。

当妈妈后熬夜几乎是刚需，每次即使很困也得熬一会儿，目的是需要自由，需要放松。但那不仅是娱乐与消遣时间，还是很珍贵的自我提升时间。

电视剧《回家的诱惑》中，家庭主妇林品如，白天伺候一家老小吃喝，晚上熬夜学习制作护肤品。

这个本领让她在被丈夫抛弃后能涅槃重生，不用像电影《找到你》中的全职妈妈朱敏一样被动。朱敏没有经济来源，患了抑郁症，这些都成为她不能争取抚养权的夺命刀。

我有个朋友果果，是二胎全职妈妈。她深知当全职妈妈会让她变得被动，所以只能利用夜晚的时间读书写作，投稿赚钱。这些钱哪怕不多，却也是她的底气与尊严。

每天晚上 9 点半把宝宝哄睡之后，她克服强大的困意，从被窝里爬出来，坐到电脑前的“冷板凳”上。9 点半到 11 点之间的一个半小时，是她一天中唯一属于自己的时间。深夜中的妈妈，有多少是坐在电脑前学习专业知识，坐在书桌前读书，哪怕拿出手机，也是为家人网购或者阅读育儿的文章。

夜晚，是妈妈们的自由，也是妈妈们的追求，我们没有留给自己多少时间，这须臾的自由，是我们寻找自我的全部。

当妈妈后就开始有了“睡后收入”“睡后自由”，孩子睡着之后的一个多小时，才是妈妈们最自由的时光。

社会的高期待

“生下（孩子）来，你就有义务做好（妈妈）”，这是社会对妈妈们的期待。好像这是一件很简单的事，不过是一日三餐，接送孩子上学。

韩国电影《82 年生的金智英》里有一个词语叫“妈虫”。在韩国，“虫”是贬低低等动物的。“妈虫”则是贬低那些没有把小孩儿管教好的妈妈，也是贬低没有收入专靠丈夫养、在家带孩子的全职妈妈。

金智英一手推婴儿车，一手拿咖啡带着女儿在公园玩的时候，路人看到她会议论：“我也好想用先生赚来的钱买咖啡喝，整天到处去闲晃……妈虫还真好命……”她一手推婴儿车一手拿咖啡，没有端住的时候别人会议论她：“当妈的女人什么都做不好。”更不要说生了孩子就要辞职，晋升的时候只因为“你是女性，生孩子可能会耽误时间”而被歧视。

她的手腕受伤后还要继续做家务、照顾孩子。连医生都会问她，饭是电饭锅做的，衣服是洗衣机洗的，你的手腕为什么会疼？

但这部电影是温暖的，导演给金智英安排了一位善解人意的丈夫，懂她的苦，心疼她的不容易，帮助她走出精神疾病的痛苦。

那些没有善解人意的好丈夫、没有人心疼的妈妈们呢？

她们带着原生家庭的痛苦，带着一身的负面情绪，还要背负着“做个好妈妈”的期待。

妈妈也是一个容器，也是会被撑破的。

不破不立，打破困境

我们回到开头的问题——既然改变这么难，我们为什么还要成长？

积年累月的伤害会让我们越来越疼，新伤旧伤的叠加甚至会让我们崩溃。但是，想要打破僵局，必须从改变自身做起。不破不立，只有刮骨疗伤才能走上治愈的道路。虽然过程会疼，却可以让伤口早日痊愈，生活尽可能好起来。

曾经，我也经历过一团乱麻的生活。产后三个月，我甚至觉得可以让婆婆回老家了。

被娃拴住的我，一个星期也没有一次出门的机会。丈夫工作正是紧张的时候，早出晚归。我一个人对着空空的屋顶，对着一个不会说话的孩子，只能把朋友圈、微博和抖音刷到没有新内容。

我妈住的地方离我家只有两个路口的距离，可她要忙生意，要给 14 岁的弟弟做饭，一周才来一个小时。

我感觉自己走进了漆黑的森林，拼命奔跑也看不到亮光，用力呼喊却发不出声响，想要求助却无人应答。孤独过，绝望过，彷徨过。更可怕的是，我会把情绪发泄到女儿身上。她只有 3 个月大，我却经常对她表现出不耐烦，或者她哭的时候我也号啕大哭。

那种没有人疼爱、被抛弃的恐惧感袭来，把我整个人击垮了。

如果要用一些词语描绘我那时的状态，一定是“绝望”和“凌乱”。

我是怎么走出来的呢?

有一天我看着镜子里的自己——憔悴、邋遢、眼睛干枯——我都快认不出自己了。

“我不能这样过一生”。这是我唯一的想法。

于是，我开始读书、写作，开始学习心理学，给自己疗伤止痛。

我释怀了原生家庭的创伤，消除了自己的不安感，重新上路，见到了别样的风景。

仅用了一年的时间，我惊喜地发现，当我好起来时，生活也就跟着好了起来。

如果生活已经很糟，或者你在经历困境，不知道从何下手，那就先调整好自己。

你对了，生活也就对了。

也不要质疑“为什么我变了，其他人还没有变”。任何事情都不是一朝一夕间出现的，一口吃不成个胖子，少吃一口也不可能变成瘦子。

一口一口的量变才能最终带来质变。

如果实在觉得痛苦和焦虑，怎么办?不能冲孩子发泄，难道只能憋在心里吗?

把自己当成一个气球，不要逼自己爆炸，给情绪找个发泄口吧!

《焦虑心理学》中讲了这样一个故事。斯宾塞太太30岁，是个寡妇，一次意外得到了200美元，这对她来说不是一笔小数目。她想给两个孩子买衣服，还要给家里买新鲜的羊肉和奶酪。

但是到了商场，她却被一双凉凉的、滑滑的丝袜吸引了，她脱下自己的棉质袜子，买了丝袜，又去给这双丝袜配了一双最时髦的豹纹尖头皮鞋。

随后，她买了一本时尚杂志，从容地走进一家餐厅，对侍者说："一位，谢谢。"

她拿出杂志，随意翻开。她已经不记得自己多久没有好好吃过一顿饭了。工作、生活、孩子，还有"寡妇"的称号，压得她喘不过气。

当她吃完饭，侍者向她鞠躬送别时，她觉得自己像个高贵的公主。夕阳西下，她买好了生活必需品，回家。

生活还是会继续，但是这一天的经历像梦一样，给了她很长时间的满足。

记者柴静曾说过这样一句话：就像叶子从痛苦的蜷缩中要用力舒展一样，人也要不假思索地从蒙昧里挣脱，这才是活着。

一双鞋、一顿安静的午餐和一本杂志，就让一位妈妈看到生活的美好，感受到生活还是热气腾腾的。

给情绪寻找出口，让生活一点一点、一点一点变好。

相信疼痛，终将痊愈。

相信自己，慢慢变好。

相信生活，不会辜负。

相信孩子，值得被爱。

相信成长，终会破局。

第 2 章

育人育己：为人父母，先治好自己

为人父母，为什么一定要成长

父母是孩子天生的成长环境

没有人天生会做父母，可父母却是孩子天生的成长环境。这个环境就像一块橡皮泥，父母捏成什么样，孩子面对的就是什么样的。

奥斯卡获奖电影《房间》，讲述一个被拐骗、幽禁而怀孕生子的妈妈乔伊，在一个几平方米的房间里，养育出一个阳光乐观的孩子。

17 岁那年，乔伊被邻居骗到一个花棚，邻居不仅强暴了她，还设计了一个对她长期奸淫的计划。从那时开始，她度过了生命中最灰暗的 7 年。在一个不到 10 平方米的房子里，乔伊生下了杰克——她生命中唯一的亮光。

她不忍心告诉杰克真实的身世，于是就给杰克创造了一个童话的环境。那间不到 10 平方米的房子就是整个世界。天窗的外面，就是外星球，一切都是假的。他们有一台电视，电视里的人和物也是假的，都生活在遥远的外太空。

在偌大的地球上，那间房小得像沙子一样。但是，在孩子眼里，那就是他的全世界。

至于那个每天晚上来到房间的男人，乔伊告诉杰克，他是一个给他们送礼物的“外星人”，名叫“老尼克”。他们需要什么物品，老尼克就会给他们带来惊喜。为了不让儿子目睹自己被强暴的画面，乔伊每天晚上让杰克睡在衣柜里，发生什么事都不能出来。

这样一个环境，就算我们在里面正常生活多年，也会觉得比在监狱还要痛苦，在里面待一天都会窒息，怎么可能生活 7 年！

但是杰克并不是一个心理有问题的孩子，相反，他很阳光、很开朗。在这个小房间里，妈妈教他看书、认字，每天做操、跑步，看电视的时间也被控制得很好。

他们逃出来之后，杰克的外婆问他，囚禁在里面岂不是每天都很无趣？

杰克坚定地告诉外婆，每天都非常开心，非常有趣。

其实那个房间就是一个隐喻，向所有父母揭示教育的真相——你给孩子创造的环境、暗示的信息是什么样的，孩子的世界就是什么样的。

如果妈妈告诉杰克，世界很美好，每天晚上都有人给我们送礼物，那么孩子的生活会充满惊喜。

如果妈妈告诉杰克，生活太艰难了，每天都有人侵犯她，我们毫无自由，那么孩子的内心就会阴暗不满。

杰克很幸运，妈妈刻意给他营造了一个温馨美好的向往之境，也成就了他健全的人格。

乔伊的刻意就是我们要学习的地方。

先成为好的自己，才能成为好的爸妈

为什么一定要刻意?

因为父母“天生”而来的教育理念，或是原生家庭的延伸，或是自己不如意的缩影，把这些天生的方法、观念传授给孩子，他们很有可能就会成为那个带着创伤长大的父母。

网上很流行一句话——父母也是带着原生家庭的创伤做了父母。

以我自己为例，我就是带着原生家庭的创伤成了妈妈。

我的原生家庭是一个重男轻女的家庭。我妈妈因为常年想生儿子，加上外人眼光的压力，以及生活中有很多事情无处排解，所以非常易怒，脾气暴躁。

别的孩子每天最盼望妈妈回家，而我每天最怕的就是听到钥匙开门的声音，妈妈回来了，我的好日子就结束了。她看我哪里都不顺眼，一言不合就吼一顿。

“家里这么脏，都不知道收拾一下，这么大的姑娘了。”

“这次考试才考了 95 分？我认识的好几个阿姨家的孩子都考了 100 分。”

“我这双鞋才穿了多久就坏了，明天一定要找修鞋的算账！”

像这种絮絮叨叨，每天从傍晚到睡前会持续近 4 个小时。每一分钟，我的精神都是紧绷的，我不知道哪件事会引起轩然大波，哪件事嘟囔几句就过去了。

长大后，我的性格里有敏感、脆弱和讨好人的一部分，当然也有易怒的种子。当妈妈的第一年，我觉得自己藏在灵魂深处的黑暗像爆炸一样倾泻而出。

我会冲那个一直在哭的婴儿吼两句，我会把她放在一旁任由她哭，实施冷暴力……

长大后，我就成了妈妈，成了那个我又爱又怕的人。

也是从那时开始，我学习心理学，认识原生家庭与创伤，尽量改变那个不怎么好的自己。

我见过太多一直生活在纷争家庭的孩子，也永远忘不了自己害怕冲突的样子。所以，不能让孩子成为那样的我们。

育人先育己，先成为好的自己，才能成为好的爸妈。

当爸妈需要刻意练习

当爸妈也是一件需要刻意练习的事情。

刻意，就是要家长自我完善，不把原生家庭的痛传递给孩子；

刻意，就是要家长学会甄别，筛除自己会伤害到孩子的言行；

刻意，就是要家长自我成长，去变成一名正能量满满的爸妈。

怎么做一个合格的父母，这个问题没有标准答案，也没有统一的方法。一千个家庭有一千种相处模式，很难有一个万能的脸谱。

但是毋庸置疑的是，为人父母要学会自我成长，洗涤自己的灵魂与伤痛。只有我们先摆脱原生家庭，摆脱上一代人的影子，孩子才能健康成长。

当然，我们承认有一些非常幸运的人，成长在非常幸福的原生家庭。这些人做了父母后也许不需要太费力气，就能给孩子一个完整的人格。可是，这样幸运的人毕竟是少数。

如果我们不去学习，不去改变自己，不去刻意练习，而是顺其自然让孩子在我们营造的环境——充满纷争、固执和伤痕的环境里，那也就意味着，我们的“房间”是一个破旧不堪的老房子。

所谓卑劣的家庭代代相传，说的就是这个道理。

我们的父母大多奉行“打击教育”“棍棒底下出孝子”和“否定教育”，所以我们多多少少都是带着一些创伤长大的。

那些痛苦、无助和不被理解的瞬间，只有在午夜梦回的时候，自己最清楚。

想想曾经抱着膝盖痛哭的自己，再想想那个和我们长得挺像的孩子，谁忍心让他们承受我们曾经的挣扎？

家庭是孩子成长的土壤，让他们生活在黑土地还是盐碱地，我们说了算。

为人父母是改变之旅，孩子让我们改变，让我们必须去完善自己。

我们不一定是为了孩子才去改变自己。改变，更是为了成为更好的自己。

遇见孩子，遇见更好的我们。

原生家庭：你是有童年阴影的父母吗

我们讨论原生家庭，讨论童年创伤，不是想借此向父母发难，指责他们让我们错过了本该完美的人生。

每个人的成长中都有一些烙印。很多伤害并不是父母恶意造成的，或是由于时代，或是他们受教育水平有限，造成我们长大后的各种缺憾。就像一个伤疤，它跟随着我们，一生都不会褪去。

创伤不是一个贬义词，在我看来它更像一个中性词。它是我们走过的路，是留在我们灵魂中的印记。有的是好的痕迹，有的是坏的刺激。不管如何，这些印记组成了现在的我们。

我们应该做的，是正视创伤，回首自己来时的路。为人父母后，我们更要直视骄阳，直面惨淡，不让过去的阴云笼罩我们及新生家庭的生活。

说到这里，可能很多人就会有一脸问号——我没有童年阴影啊？

没有创伤的人很少，没有创伤恐怕也是一种创伤。养育方式不可能是完美的，教育自然也不可能是完美的。

大千世界形形色色的人，没有人会觉得自己有“病”。原生家庭的创伤也并不是一种疾病，而是我们认识自己的一扇窗。

请记住，创伤是一个中性词，不是贬义词。

那么接下来，大家要做的就是跟着我的几个问题，重新审视自己，找到自己性格里面的伤疤。

生活中有哪些行为是我难以忍受的

创伤并非直截了当地存放在记忆里，无时无刻地提醒我们过去发生的那些事，它们存在的角落很隐秘，以至于我们自己都难以察觉。只有在某些被触动的时刻，我们的身体和下意识反应才会暗暗提示它们的存在。

举一个很简单的例子。孩子在学习吃饭的过程中，餐桌会脏得令人不忍直视。有的家长会表现得无所谓，顺应孩子的发展规律；而有的家长就会蹿出一股无名之火，非常难以接受眼前的脏乱差和脏兮兮的孩子。

同样一件事，不同的人有不同的处理方式。行为模式的背后，就是早期的经历在起作用。

童年的经历会影响我们大脑沟回的形成。神经系统中的隐形记忆在很多时刻会影响我们的言行，使我们做出下意识反应。

那么，我们不妨审视一下自己，想想自己对孩子和伴侣的不满之处。他们有哪些言行是我们难以忍受的？这些行为的背后，是因为他们真的错了，还是因为我们就是不能接受？

丈夫总是出去喝酒；

孩子的英语成绩总不好；

丈夫不爱讲卫生；

孩子说话声音太小；

丈夫做事磨叽拖沓；

孩子喜欢吹牛；

丈夫喜欢吃冷饮；

孩子吃饭挑食……

这些到底是不是毛病？是不是真就那么罪不可赦？

带着疑问，我们再来问自己第二个问题。

看不惯是因为我们本身不被接纳吗

人总是在潜意识里尝试解决没有解决的问题，重复以往的经历。我们难以接受别人的问题，也许是因为我们不能接纳自己的问题，或者是我们有着不被接纳的问题。

我曾经有一个习惯，就是牙膏必须要从底部开始挤，而我丈夫恰恰相反，他喜欢从中间开始挤。每天刷牙看到牙膏被挤得乱七八糟，心情就无比烦躁。

我说过他很多次，他也怄气式地解释过很多次，可是我们并没有达成和解。牙膏成了我俩的权力斗争。我每次都把牙膏从下面一点点地挤到最上面，而他则是一下就挤散我的成果，把牙膏皮弄得凹凸不平，仿佛在向我挑衅。

对于“牙膏战争”我思考了很久，直到有一天回娘家住才想明白。我看到家里的牙膏也是从下向上被挤得整整齐齐的，我从小就被要求必须这样使用牙膏。

其实，只是刷牙而已，不管从哪里挤，每次用的量都一样；不管怎么挤，牙膏并不会被节约。牙膏战争的背后是父母对我的要求，也是我对自己的要求。

同样，我们不能接纳孩子的行为，到底是不接受自己，还是不接受孩子？

不能接受孩子挑食，不能接受孩子不卫生……说到底，我们只是在拿着自己原生家庭的要求去衡量孩子和伴侣。

此时此刻，闭目沉思，孩子和伴侣的“毛病”，真的是他们错了吗？

你会表达真实的感情吗

我有时候并不是很喜欢“童年创伤”这个表达，因为童年带给我们的并非都是创伤，它还留给我们很多烙印性的东西。那未必就是伤害，只是行为模式而已。

判断一个人的原生家庭是否和谐，会不会影响新生家庭生活，标志之一就是看这个人会不会真实而准确地表达自己的感情。

表达自己？

好像每个人都会吧。

没错，我们无时无刻不在表达自己的情感和想法，但是我更想突出“真实”两个字。

当你沮丧的时候，怎么跟伴侣表达？

当你愤怒的时候，怎么跟孩子诉说？

当你开心的时候，怎么去分享喜悦？

当你失落的时候，怎么去寻求安慰？

这看起来都是很简单的问题，甚至小学生都能用一篇《开心的一天》来回答。但我们要深入心理层面，看一个人的情感与表达中有哪些秘密。

假设一位妻子对丈夫说：“你要是再回来这么晚，就别回来了。”

她这句话是怎么说出口的？

首先，她没有“看到”自己的情绪。她其实想表达的是“我需要你，你回来吧”。可是，由于她潜意识里害怕对方不能给予积极回应，不能与她建立安全的情感共鸣，她只能用攻击的方式、用冷漠的话语来掩饰自己真实的需要。

其次，她没有看到伴侣的“安全性”。成年人往往无法直视自己的内心，更不敢把不那么坚强的自己交付给他人，即使那个人是伴侣。

在这位妻子成长的环境中，可能表达感情是不被包容的。她在原生家庭里不能畅所欲言，她的话语会被父母拿出来点评，还会被教导一堆大道理。她害怕表达之后被打击的感觉，所以根本不信任倾听者。

因此，她的表达方式具有攻击性。

人怎么敢把最脆弱的地方展示给他人？

我们的表达就是亮出自己弱点的过程。说出“我需要你陪我”仿佛会把自己置身于弱势地位——那是一个不安全的位置啊！

以攻击来表达自己是一种暴力沟通方式，也是很多人的沟通方式。他们对待伴侣是这样，对待孩子也是如此。我们如果对孩子说出“妈妈希望你关上电视”，万一孩子拒绝呢？我们的铠甲就穿不上了。

可是，亲人之间就需要亮出真实的自己，用真实的情感去交流，而不是用攻击的方式寻找安慰。

所以说，不敢表达自己真实情感的人，都是原生家庭中没有被充分“看到”的人。

冷漠与被忽视都是我们身上的印记。

我真的爱自己吗

我们爱自己吗？这个问题看起来也是废话。

但在我做过的很多咨询中，这个问题让无数家长泪流满面。

真正的“爱自己”并不是给自己买吃的、买奢侈品来疼爱自己，而是在精神与灵魂层面悦纳自己。

我们不妨做个实验，在夜深人静时，对着镜子看自己的眼睛 30 秒，你敢不敢对着自己说出一句“我喜欢你，你真的很优秀”，或是“你很棒，你很优秀，你配得上更好的样子”？

多么简单的实验，可是很多人连 5 秒都坚持不了，甚至看着看着眼泪就不自觉地流了下来。

我总是说，我们一定要先成为好的自己，才能成为好的父母。一个不能接纳自己、爱自己的人，又怎么能容忍孩子的轻松随性？

记得我刚工作的第一年，过年的时候我花了 5000 元给自己买了一个包。那时候我的工资只有 2500 元，年终奖不过只有 5000 元。我不是骄奢淫逸的人，年终奖励自己一个包不算什么错吧。

可是，买回家的那一天，爸爸妈妈对我进行了轮番攻击——“年轻人不懂过日子艰辛”“你一个月才挣多少钱就这么奢侈”“年终奖你给你爸妈花了多少”。

我理解父母那一代人的消费观，但那天他们的话就像刺一样，扎进我内心的某个部位，那个部位在告诉我：你不配，你不配拥有好的东西。

“我不配”三个字是多少人不敢承认的噩梦，这三个字让多少人不敢真诚地面对自己。

为人父母，如果总是背负着不能爱自己的包袱，那么“我不配”三个字可能就会成为套在孩子身上的枷锁。

父母与子女想要彼此独立，首先就要成为有能力爱自己的人。

如果我们去问一位家长，你是有创伤的家长吗？

大部分的回答都会是否定的。

但是，当我们问完自己这四个问题，重新审视内心时，就会发现灵魂中隐隐作痛的地方。

有些行为我们不能忍受，一定要去指责伴侣、指责孩子，并不是他们大错特错，而是他们可能侵犯了我们。我们在原生家庭时，自己的某些行为不被接纳，这种不被接纳就像种子一样生根发芽，终于有一天，亲近的人踩到那个雷点，我们多年以来不被接纳的情绪就被引爆了。

中国家长还有一个很严重的问题，就是不能发现孩子的优点。其实每个孩子有缺点也有优点，可有的家长一提到孩子就直摇头，仿佛自己的孩子一点儿优点也没有。本质上这是因为父母不懂得爱自己，不能珍视那个有点瑕疵的自己。我们都希望自己是个完美的人，也希望孩子同样完美。

带着这种不爱自己、不接纳自己的心，我们同样不能接纳孩子。

我们必须把自己“捋顺”，学会爱自己、接纳自己，才能学会爱孩子、接纳孩子。

每个人都不可能成为那个完美、没有瑕疵、没有创伤的人。但是，为了孩子，为了更好的自己，我们有必要重新上路，认识真正的自己，与那个不舒展的自己握手言和。

其实，我们需要问自己很多问题，才能真正认识自己。

《纽约时报》上发表过这样一篇论文——人际亲密感的产生：实

验程序及部分初步发现（*The Experimental Generation of Interpersonal Closeness: A Procedure and Some Preliminary Findings*）。据说这样做之后，我们可以爱上任何人。参与实验的两个陌生人在 45 分钟内问彼此 36 个问题。实验结束后，30% 的人表示这个陌生人比身边任何人都要亲近。

到底是怎么样的 36 个问题呢？

我找到了这些直击心灵的问题，希望我们在细细思考这些问题后，能更深刻地认识自己。也希望我们可以和亲近的人谈论一下这些问题，也许交谈之后，你们彼此之间的认识就更加深刻了。这些问题分三组，依照问题的深入程度依次递进。

第一组

1. 假如可以选择世界上的任何人，你希望邀请谁共进晚餐？

2. 你希望成名吗？在哪一方面？

3. 拨打电话前，你会先练习一下要说的话吗？为什么？

4. 对你来说，怎样才算是完美的一天？

5. 上一次唱歌给自己听是什么时候？上一次唱歌给别人听又是什么时候？

6. 假如你能活到 90 岁，你会选择让心智还是身体，在后 60 年停留在 30 岁？

7. 对于将怎样死去，你有过秘密预感吗？

8. 列举 3 个你和对方共同拥有的特质。

9. 人生中，你最感恩的事情是什么？

10. 假如可以改变成长中的任何事，你希望有哪些改变？

11. 用 4 分钟的时间，尽可能详细地向对方讲述你的人生故事。

12. 假如明天早上起床后能获得任何能力或特质，你希望得到的是什么？

第二组

1. 假如有人能告诉你关于自己、人生或未来的一切真相，你想知道什么？

2. 有什么事你想很久了但还没去做？原因是什么？

3. 你人生中最大的成就是什么？

4. 友情中你最重视哪一部分？

5. 你最珍贵的回忆是什么？

6. 你最糟糕的回忆是什么？

7. 如果你知道自己将在一年内突然死去，你会改变自己目前的生活方式吗？为什么？

8. 友情对你而言意味着什么？

9. 爱和感情在你生命里扮演什么样的角色？

10. 轮流分享你认为对方拥有的比较好的性格特点。各自提 5 个。

11. 你的家庭关系亲密温暖吗？你是否觉得自己的童年比大部分人快乐？

12. 你与母亲的关系如何？

第三组

1. 说出 3 个含有“我们”并且符合实际情况的句子，如“我们现在都在这个房间里”。

2. 完成这个句子：我希望可以跟某个人分享 ____。

3. 如果你要成为对方的密友，有什么事是他需要知道的？

4. 告诉对方你喜欢他的什么地方（回答此题必须非常诚实，要说出你不会对刚认识的人说的事）。

5. 和对方分享你人生中的尴尬时刻。

6. 上次在别人面前哭是什么时候？自己偷偷哭又是什么时候？

7. 告诉对方，你现在喜欢他的什么地方。

8. 有什么事是绝对不能开玩笑的？

9. 如果你今天晚上就会死掉，而且无法与任何人联系，你最遗憾还没告诉别人的是什么事？为什么还没说呢？

10. 假如你的房子起火了，你所有的东西都在里面，在救出所爱的人和宠物后，你还有时间安全地抢救出最后一件东西，你会拿什么？为什么？

11. 在所有家人中，谁的死对你的打击会最大？为什么？

12. 分享你人生中的一个问题,问对方遇到这样的问题会怎么做。同时请对方告诉你，在他看来，你对这个问题有怎样的感受。

父母的创伤是怎么影响孩子的

“我已经很爱孩子了，我为他改变了很多，可孩子为什么还是不改变？”

相信这个问题，不少家长曾经问过自己。

是啊，到底是为什么，让我们的付出得不到回报？为什么用爱换不来孩子的优秀？

我想，那也许是因为我们有爱的动机，却少了爱的能力。可能我们的行动是主动的，但我们个人本身存在一定问题。当然，我可不是说“你有病”，而是父母潜意识里很多创伤隐隐作祟，在我们看不见的角落影响着孩子，甚至给孩子造成压力与伤害。

我相信每一位父母都有爱的动机。父母竭尽全力爱自己的孩子，这是生命的本能。

可是爱的能力并不是每一位父母都具有，更不会是每个人都天生拥有。

有一部电影叫《剪刀手爱德华》。爱德华是一个很有爱的男孩儿，只不过他的手是一把剪刀，因此，人人觉得他是怪物，都想远离他。只有一个女孩儿不同，这个女孩儿喜欢他，想要拥抱他。可是，当他们拥抱的时候，爱德华的双手会不小心伤到女孩儿。

我们为人父母的那双手，有时候就是剪刀手。即使想拥抱，即使想抚摸，却变成了伤害。

那么，父母的“剪刀手”是怎么影响孩子，给孩子造成创伤的呢？

有分离创伤的父母，不能接受孩子成长

我是一个很害怕分离的人，喜欢感春悲秋，最怕和朋友分离的场景。每次去外地和曾经的好友相聚，离别的时候我都会想，这可能是我们这辈子最后一次见面了。离开一个工作单位，我沮丧到想要辞去新工作，然后回到原单位……

我曾经以为自己只是念旧，不能适应新环境，后来发现我有分离创伤。分离所带来的不安感和焦虑感，使我不敢对过去挥手，不敢拥抱新生活。

而我的分离创伤与童年经历有关。小时候我在姥姥家长大，和爸爸妈妈相处的时间少之又少。加上那些年流行的分离方式，就是孩子睡着时妈妈偷偷走开，孩子睡醒后，不知道妈妈去哪里的感觉会储存在他的潜意识里。

6 岁那年，最疼爱我的姥爷去世，再也没有人带我去买糖葫芦，再也没有人给我剥甘蔗。我还不懂什么叫作死亡，却完成了人生中第一次生死分离。

姥爷去世后，没有收入来源的姥姥只能靠跟着儿女讨生活。我跟着姥姥住过很多亲戚家。我是超生人口，在一个乡的不同村里待着总有被查到的风险。不知道大人们出于什么考虑，我和姥姥来到了另一个城市的二姨家。这一次待了整整 6 年，几乎覆盖了我有记忆的整个童年时期。

这 6 年里，爸爸妈妈会来看我。可在我的脑海里，他们也是匆匆而来，突然又离去。我有时候有妈妈，有时候没妈妈。

12 岁那年，我回到父母身边。可是由于家里地方小，实在住不开这么多人，姥姥只能回老家，我不得不和从小养育我的姥姥彻底分离，只有节假日和每年寒暑假能短暂相聚。

我至今都记得，有一个周六，姥姥被接来看我，我们相处了两天，到了周日姥姥趁我睡着时要离开。那次我是醒着的，可我却不敢睁眼，不知道要怎么面对这一幕。我感受到姥姥亲了我，摸了摸我的头发，然后悄悄地离开了。门关上的那一刻，我泪如雨下……

我自己都不知道从什么时候起很害怕分离，可能是因为从小的分离创伤，可能是惧怕被抛弃。

当我成为一名妈妈后，我发现自己很“奇怪”。我很喜欢抱着孩子，亲亲女儿兜兜，就像热恋的情侣一样，喜欢那种黏黏腻腻的感觉，她抗拒的时候我会很沮丧。随着兜兜长大，她有了独立意识，有了一些叛逆的想法，对我没有那么依恋了，我内心总是觉得空落落的。

而且我发现像我一样的人并不在少数。童年由于这样或那样的原因与父母分离，或者父母由于工作原因不能与我们生活在一起，于是我们这些人的生命密码里存在分离创伤。

孩子之于父母，很大程度上是一种生命的寄托。有一个小生命无条件地依赖我们，无条件地爱我们，这会治愈我们的分离创伤。可是，孩子不可能永远是黏黏的小宝宝，他们毕竟是一个独立的个体。

孩子的成长就像是对父母的“抛弃”。于是，再次触动了父母内心的分离创伤。

我接待过一名 28 岁女孩儿的咨询。她来寻求改变她的妈妈，因为妈妈的控制欲简直“爆棚”。不管她做什么事，妈妈的第一反应一定是拒绝，然后两个人吵一架大哭一场，妈妈才改变主意。妈妈反对的理由是什么呢？是女儿没有提前跟她商量。

这位妈妈的父母早年工作很忙，经常把她放到奶奶家，一个月才来见一次面。对于分离这件事，她在潜意识里也是非常害怕的。虽然她已经 50 多岁，可心里依然住着那个害怕分离的孩子。

所以说，这位妈妈把她与女儿之间的联结当成一种永不分离的感情。她不能接受女儿长大，更不能接受女儿“背叛”她。亲子关系与热恋关系非常相似，都是高强度的依恋亲昵。就像难以接受失恋、难以接受爱人变心一样，有分离创伤的妈妈也很难接受孩子独立。

我们在新闻里、在电视剧里见过很多不放手、不想让孩子长大的父母。网上有人说他们变态，有人说他们不懂得放手，其实，他们有可能只是看不见自己的创伤。

如果你身边也有这样的妈妈，请不要嘲笑她。如果你就是这样的妈妈，可以试着治愈自己，或者寻求心理咨询师的帮助，不让自己的分离创伤成为孩子无法长大的桎梏。

对孩子的严格要求源于对自己的失望

“月薪 5 万撑不起孩子的一个暑假”“辅导作业时楼道里的声控灯都是亮着的”……这些段子想必我们都不陌生。教育焦虑是整个社会的大环境，也是无数小家庭焦虑的集合。

作为一名在社会摸爬滚打的成年人，我深知在社会立足不易，也知道想要过得好那么一点点有多难。所以说，父母对孩子的期待和高要求，本质上是一种深刻的爱，就像李健改编的《父亲写的散文诗》中的一句歌词所写：“但愿他们哪，不要活得如此艰难。”

但是从另一个层面看，父母除了要求孩子努力学习外，往往还有一个期待，那就是——你要比我有出息。

看起来美好的期待，实际却是一种绑架，一种强加给孩子的人生希冀。

这种期待转化成行为，就变成了父母过于严格的要求。

为什么父母会对孩子过于严格呢？除了生活焦虑，还源于什么呢？

源于对自己的失望，对自己的不信任。

毕女士是一位职场精英，在工作中雷厉风行，同事们私下里都叫她“女魔头”。好在她对别人要求高的同时，对自己有更严格的要求，所以同事们虽有怨气却还能忍受。

她对儿子胜胜也是高标准严要求，但儿子却没像同事们那样忍受她。她要求儿子必须考全班前五名，否则就要关禁闭。所谓禁闭就是把儿子关进没有亮光的厕所中，让他在黑暗中反思。

至于英语、钢琴、跆拳道这些辅导班，一个也不落，她要求儿子当然也是考级通过，全班最优。生活方面也一样，胜胜 3 岁就要独立睡觉，不允许挑食，吃饭时不允许洒落，饭后要主动洗碗，洗不干净就去门外罚站。

高压之下，必有反击。

胜胜还小的时候，她能把控住他的动向。可当儿子慢慢长大，她就觉得越来越无力。胜胜上了初中以后，每天 9 点半才回家，声称学校要上晚自习，其实初一的学生没有晚自习。胜胜放学后有时候去网吧，有时候是谈恋爱去约会……

毕女士找到我的时候非常崩溃：“我用命养大的孩子，我把所有的人脉资源都放在了他的身上。他怎么可以不争气，而且变得这么坏呢！”

我问她：“你对现在的生活满意吗？”

“儿子都这样了，我怎么满意？”

“那儿子变成这样之前，你满意吗？”

“我觉得很一般吧，我和丈夫是相亲认识的，感情基础弱，也就是搭伙过日子吧。我只能把更多精力放在工作上，成就倒是有一些，但貌似同事们都不喜欢我。儿子曾经是我唯一的骄傲，他之前真的很乖很棒。”

“那你对曾经的生活满意吗？”我又问了一遍。

她想了一会儿，说：“我不满意，我觉得自己还可以更努力，还可以更好。我现在事业上有了一点成就，可是我总觉得这一切得来偶然，我怕有一天这一切会离我而去。所以我不希望儿子将来活成我这样，我希望他再努力一点，也许长大后就可以生活得轻松点。”

还记得我让大家做的小实验，对着镜子说爱自己吗？

我敢肯定，这位毕女士一定不爱自己。她对自己是失望的，不满意自己的生活，所以只能把这种失望强加给孩子。毕竟，对别人失望的痛苦可以转移对自己失望的痛苦所带来的不安感。

同时，她是不信任自己的，她认为现在的生活与工作是偶然得来的，不是应得的。

不安与失望互相映照，让她成了一名强势的妈妈，也把孩子逼到角落后绝地反击。

上网是对现实生活的逃避——胜胜从虚拟世界里找到一个“安全岛”，接纳他的成就，鼓励他的精神。恋爱是对爱的追求——他渴望有一个人真正爱自己，接纳不完美的自己。

孩子就像一个容器。妈妈的情绪和期待不断往容器里填充，可孩子心里的容器真容纳不了那么多。他们小的时候只能受着忍着；长大后容器被“撑破”，他们就会逃离。

小细节真的这么重要吗

前文我举了两个常见的例子，一个是父母的分离创伤影响与孩子的亲密关系，另一个是父母的焦虑把孩子的容器撑破。事实上，这只是千千万万的行为中最普通的两个例子。父母身上还有很多创伤在潜移默化地影响着孩子的心理与言行。

父母并不是故意不让孩子长大，也不是故意要控制、攻击孩子，只不过自身的创伤就是如此，拼尽全力也不过在用错误的方式教育孩子。

说这些其实是想让大家看到，如果不具备爱的能力，不涤荡自己的伤痕，就很难成为一名“好”父母。

所以，我们不改变行不行？当然不行。

至于什么是爱的能力，不外乎就是改变自己、修复自己，认识孩子、接纳孩子。后面两章，我会根据具体问题进行分析。

有时候我们很难处理和孩子的关系，那是因为我们真的不知道怎么处理。我们对待孩子的样子就是父母对待我们的样子——无意识地重复，无意识地代代相传。

可能很多人会觉得，这些小事、小细节真的那么重要吗？

一次两次的错误不会让孩子成为“心理变态”，不会造成什么严重的创伤，但累积起来就成了大事。

我们都是“剪刀手父母”，用力爱却求而不得。要想摆脱剪刀手，具有爱的能力，我们首先要做的就是不去憎恨自己的剪刀手，不要带着愧疚与不安让自己畏首畏尾。要像尊重指纹一样尊重遗传，尊重自己的原生家庭与创伤，看见自己和孩子的需求。

自体精神分析学家科胡特（Heinz Kohut）说：“父母是什么人，比父母怎么做更重要。”这也印证了那句“听过很多道理，依然过不好这一生”。看再多的育儿方法，听再多的实操速成课，都不如把自己变成一个正确的人。

什么是正确的人呢？我们上小学的时候，那些积极正面的词汇都是对“正确”的人的形容：正直善良，积极乐观，勤劳勇敢，遵纪守法，团结友善，热情真诚……

可是这样的话，我们难不成要求所有的父母都活在童话世界，活成完美无瑕的人？

为人父母，我们只需要做好两点，就是第 1 章谈到的“关爱—权威”型父母的特征——情绪稳定积极，有清晰的边界感。

即使发现问题也不要害怕，意识到问题就已经成功了一半。

电影《82 年生的金智英》中，金智英在产后有了精神疾病，她会在某些激动的时刻变成另外一个人，连她自己都不知道。

最后她去看医生的时候，医生说了一句令我印象非常深刻的话：

"不要害怕，你能坐到我面前，已经跨过了最艰难的一步。"

当我们对孩子说"孩子，你慢慢来"的时候，也应该对自己说一声"孩子，你慢慢来"。

我们本质上也是孩子，有了孩子的孩子。

溺爱真相：我们爱的那个小人儿真的是孩子吗

真正难以割舍关系的是父母

我们总以为长不大的是孩子，是孩子需要父母。其实，真正难以割舍亲子关系的是父母。

有一则令人瞠目结舌的新闻，让我看到了一位不敢放手的妈妈。

湖北襄阳的刘女士，在朋友圈为上大一的女儿招聘保姆。希望保姆可以照顾女儿的日常起居，帮助洗衣做饭和收拾房间等。

她说，女儿从小就没做过家务，怕她照顾不好自己，所以想招聘一位保姆。这样花钱图安心，而且现在很多人这样做。

一句“花钱图安心”戳中了多少妈妈的心。如果能用钱换来孩子的安稳，这都不是事儿。

这条微博的评论区有人嘲笑，有人讽刺，也有人表示无可厚非。

有一位网友说，有钱的父母给孩子请保姆是爱女之心，只要家庭负担得起，别人管不着。

没错，如果家庭财产足够支持孩子一辈子，甚至下辈子，永远有保姆、管家和司机随行，别人没有权利置喙。

可现实情况是拥有这样财力的家庭凤毛麟角，但用“公主式”“王子式”养孩子的家长却不在少数。

按理说上大一的孩子已经成年了，学校有食堂，不需要自己做饭；洗衣服和收拾个人卫生，即使做得不那么好，也是有能力完成的。

孩子有能力做到，家长却没有勇气让她做。

并不是孩子飞不高，而是家长的牵绊限制了孩子飞行的能力。

不敢放手的父母，内心多有惶恐

我们总是强调，父母跟子女是要分离的。真正不能分离的不是没有长大的孩子，而是没有“长大”的父母。

我们说了太多关于孩子的安全感，却忘了家长才更缺乏安全感。

父母宠溺孩子，恨不得把孩子捧在手心的时候，真的是把爱给了孩子吗？

过于宠溺孩子的家长，本质上是在宠溺自己。

心理学家荣伟玲曾经有一个习惯，就是喜欢买比较精美的甜品。她家里有一个礼盒，专门用来放这些甜品，但她从来都不吃。

她察觉到这个现象，思考了一下这些甜品到底是留给谁的。

她想了一会儿，自己没有孩子，这些甜品是给同事 9 岁的儿子买的。她很喜欢那个小家伙，可是她根本不知道那个孩子爱不爱吃蛋糕。

那几块甜品是她给自己“内在的孩子”买的。她的内心还住着一个“内在的父母”，告诉她已经是成年人，不应该放纵自己。

荣伟玲说，那些溺爱孩子的父母也一样，“内在的父母”告诉他们这样做不对，可他们还是拼命爱孩子。

父母爱孩子，这本来没有什么错，但如果忽视了孩子的需要，那孩子就只能做父母内心的投射。父母潜意识里希望孩子永远长不大，永远做那个“内在的孩子”。

回过头看看那些舍不得放手的父母，那些过度宠爱孩子的父母，真的是因为孩子没有长大吗？真的是因为孩子需要全方位的爱吗？

不是的，孩子需要的是独立的爱、成长的空间和本真的需求。

父母缺乏安全感，往往会投射到孩子身上，把与孩子共生当成获得安全感的养料。

孩子终究不是缩小的我们，他们是独立的人。

真正的爱是，爱其所是，爱他本来的样子，不是“爱我所愿”。

分离真的是一件很疼的事情

作为妈妈，我也有无数溺爱孩子的时刻，无数次看着孩子委屈，自己就潸然泪下的时刻。

那是分离的疼痛，也是成长的疼痛。

记得女儿上幼儿园的第一天，我把女儿放到老师怀里，立刻就转身走了。她撕心裂肺的哭声一直在我脑海里盘旋。

即使我知道，我走后她就不哭了，我知道她在幼儿园会玩儿得很好，但是我的内心还是会无比挣扎。

也是从那一天开始，我意识到分离真的是一件很疼的事。

恰恰因为这种疼，我们才不敢去面对分离。

电影《误杀》中，素察是个官二代，也是个“问题孩子”。他爸爸是议员，要参加全国选举，妈妈是警察局局长，父母都是颇有手腕的人物。他闯下任何祸，妈妈都能摆平。

他十六七岁就有一辆豪华跑车，很是威风。他跟同学打架，差点戳到对方的眼睛，妈妈会拿钱帮他解决。

后来，他胆子大到用迷药迷倒女同学并实施强奸，还录下视频，强迫女同学再次服从于他。

在争执厮打中，女同学的家人误杀了素察并藏尸灭迹。

电影中有一个镜头，陈冲饰演的素察妈妈，在儿子消失好久生死未卜的时候，坐在沙发上，目光呆滞，满是悔意。

她后悔了，后悔一直骄纵溺爱儿子，后悔自己一直在逃避孩子的成长，后悔没有帮儿子建立独立的人格，儿子就长大了。

我可以理解这位母亲。面对这样一个“问题孩子”，慢慢教导他走向正轨比替他摆平事情困难得多。

让孩子磕磕碰碰地成长是困难的，自己事无巨细替代孩子长大是省力的。

可是，教育路上偷的懒，每一步都要偿还。

既然我们承担不起孩子的一生，就应该咬咬牙，承受分离的疼痛。

过多干预是对孩子幸福的剥夺

最近有一个朋友跟我说她想离婚。对方没有原则性错误，甚至可以说是个好男人。但是，她就是觉得日子太平淡，不想继续下去。

我们聊了很多，最终我发现症结根本不在于她丈夫，而在于她妈妈。

结婚前她有一个关系不错的男友，但是父母嫌他穷，嫌他不是公务员而强烈反对。于是她这一拖就拖到了 30 岁，带着认命的心理，她选择了一位符合妈妈条件的男人。

她丈夫我见过，长得很帅，人品也算憨厚。可是她说，我知道我和任何人结婚，都可能像现在一样平淡，因为这个人不是我选的，我总觉得遗憾。

这位朋友遭遇婚姻危机，可以说是因为七年之痒，也可以说是因为迟到的叛逆期。

网上有一个很流行的段子——自己选的路，跪着也要走完。

也就是说，人往往愿意对自己的选择负责；而被他人强加的决定，即使迫不得已接受了，也会默默反抗。

父母总是觉得替孩子选择了最好的，可是在这代替的过程中，也剥夺了孩子选择的权利。

孩子不仅是生物个体，还是心理个体，他们有自己的需求和喜怒哀乐。

就像前文所说的那位母亲，她认为给女儿请保姆，照顾好饮食起居，甚至找个一生稳定的工作，解决好生物需求，孩子就可以一生无忧。

人的一生哪有那么容易?

孩子归根结底要走自己的路，满足自己的需求。

不要为了逃避问题而代替孩子成长

孩子的生命从母亲子宫中就已经开始了。

他们从一个小小的受精卵，发育成完整的个体。他们慢慢分化出手脚，慢慢长大成人。

这个分化的过程，我们肉眼可见的是生理上的长大。

实际上，他们的心理、人格、性格和能力也在不断成长。

《奇葩说》辩手席瑞说过一句话——父母的放任，其实是不愿意面对孩子的情绪。

把孩子像婴儿一样永远圈在怀里，希望自己可以永远陪在孩子身边，从某种意义上说才是“偷懒”。

我们宁愿自己身体辛劳，也不愿意在心理上尝试那种分离的疼痛，不愿意面对孩子长大过程中出现的问题。

请尊重孩子的成长，尊重我们终将分离的事实。

不要把孩子当成那个“内在的自己”，更不要为了逃避问题而代替孩子成长。

恋人间要有半勺糖的距离，父母与子女同样需要适当的距离。

虽然放手的过程比包办的过程痛苦，但总比把没有长大的孩子扔进复杂的社会要强得多。

如果不能守护孩子一生周全，那就应该让他们跌跌撞撞地成长。

童年创伤：可以治愈的伤口

心理学上总是强调原生家庭，那是因为原生家庭的影响是不可逆的。我们在什么样的环境中长大，就被塑造成什么样。而且很多样子，我们甚至没有机会去察觉。

我曾经以为孩子与父母之间，就应该保持敬畏心。孩子怕父母，不敢跟父母说话，甚至刻意说谎欺瞒父母，以获得好孩子的形象，这都是正常的。

直到上大学后的一天，我去同学家里玩儿。我看到她跟妈妈无话不谈，妈妈做饭时她像个跟屁虫一样站在身后，絮絮叨叨地说着妈妈根本不知道的内容。

第一次看到这一幕，我没有觉得温馨，反而觉得毛骨悚然，有一丝丝紧张。

我在家是个“淑女”，不怎么说话，也不怎么出卧室，好像生怕被别人看到有我的存在。所以我与同学的家庭观念完全不同，而且我们都非常不理解对方的相处模式。

事后我问同学："你怎么什么都跟妈妈说啊？"

她惊讶地看着我说："跟自己的妈妈还有什么不能说的！"

不知怎么，她说完这句话，我的鼻子一酸。

对于她上大学时的男友，她妈妈是持反对意见的，可即便如此，她还是会跟妈妈坦诚相待，说说自己的恋爱情况——男友送了她一套保暖衣裤，她送了男友一个剃须刀。

如果我在家里跟我妈妈说这些，她一定会开启讲道理模式，告诉我该怎么跟同学相处，怎么好好念书。至于她反对的男友，我更是连提都不敢提，完全假装那个人不存在。

很长时间，我总是反思为什么当时自己鼻子酸酸的，为什么有想流泪的冲动。

随着慢慢长大，我总在想那个问题。直到近年来学习了心理学，认识了更多家庭，我才找到答案。

人都渴望与父母亲近，这是每个人的潜意识。而我的家庭相处模式让我压抑了这种潜意识。我不敢与父母亲近，又渴望与他们亲密，所以在遇到有矛盾时，我内心深处那个渴望被抱抱的小孩儿就涌现出来，提醒我和妈妈无话不谈的画面多令人羡慕。

这就是原生家庭。它塑造了我们，把我们从橡皮泥捏成现在的形状。

而"不敢亲近"就是我的童年创伤，在几乎所有的亲密关系中，我总是害怕亲近。到底在怕什么，我自己都不知道。

原生家庭的力量太强大了，很多人的行为和思想都能在原生家庭找到答案。

在很多次心理咨询中，来访者明明是来咨询家庭教育问题的，可最后我们都聊向了原生家庭问题。

他们总会笑着说：“哎，我们明明是说孩子的问题，怎么说到我自己身上了？”

是啊，明明是在谈论孩子，怎么就谈论到了自己？

这里的原因有很多，我重点说一个——我们这些做父母的倾向于把自己曾经的经历与孩子分享。

听起来是不是很不可思议？我们的成长经历中，有的不是那么美好，我们也倾向于跟孩子分享吗？

没错，在潜意识层面，不管快乐还是痛苦，我们都希望亲近的人能感同身受，亲自体会一下。

我有一个朋友晓雪。她的丈夫是一个很好的人，家务全包，独立带孩子也不成问题。有一两年他在外地工作，每个周日下午都尽量做好一周的“硬菜”——炖鸡，炖鱼，包饺子，让老婆孩子下周不用费太大力气就能吃好。

就是这样一个人人羡慕的好丈夫，晓雪的妈妈却经常给她吹耳边风——别太相信男人，男人没有好东西。

产后第四个月，晓雪和丈夫依然没有性生活。晓雪的妈妈就信誓旦旦跟她说：“他肯定外面有事了。”

晓雪的丈夫是外地人。买房的钱是晓雪家里出的，所以他们的房本上写的是妈妈的名字。结婚 6 年后，他们想换一个大房子，也就是要卖掉写着妈妈名字的房子，再去买一个新的。这样，婚前财产直接变成了婚后财产。

买卖房子的全过程，晓雪的妈妈都在参与，还暗暗地告诉她：“闺女，放心吧！票据妈妈都留着呢，原件和复印件都在这里，将来你们离婚的时候，房子还是你的。”

妈妈的话让晓雪哭笑不得，她和丈夫感情还可以，为什么妈妈总是把“男人不是东西”“早晚离婚”这样的话挂在嘴上？

回看晓雪妈妈的婚姻，我们就能找到答案。晓雪爸妈的感情很不好，虽然没有离婚，可是分居多年。爸爸虽然没有什么桃色新闻，但是一点儿也不懂得疼爱老婆。

我们可以想象，这么多年来，晓雪妈妈是抱着怎样的心情度日的。

说到这里，也就不难理解我前面说的——家长总是下意识地让孩子重复自己的经历，即使那段经历是痛苦的。

那么，为什么深度剖析孩子的问题时，总是能剖析到自己身上？

因为潜意识里带我们引导孩子的，就是自己曾经的创伤。如果察觉不到这一点，孩子就可能无辜地重走一遍我们来时的路。

只有刻意去发觉自己的痛点，刻意规避引导孩子体验痛苦，孩子才能走上属于自己的人生路。

我承认自己有原生家庭创伤，我也相信大部分人都有原生家庭创伤，没有完美的童年，更没有完美的人格。

我们强调原生家庭，强调童年创伤，并不是说“父母皆祸害”，更不是说童年创伤不可治愈，而是要意识到这一点，开始反思自己身上的问题，不让伤痛代代相传。更没有必要去怨恨父母。

我看到过一句很扎心的话——父母也是带着原生家庭的创伤做了父母。

因此，我们不如告诉自己：事已至此，放手一搏未尝不可；我已经成了这样，剩下的路我可以好好走。

当人与过去的自己和解后，才会发现人生的精妙之处。曾经的那些性格缺憾，我们都能发现它的另一面，找到自己的闪光点。

比如我性格软弱，习惯讨好，这可以理解成缺点，也可以理解成优点。我的朋友很多，因为大家都喜欢和我这样不尖酸、包容的人来往。

有时候说那是创伤不如说是疤痕，因为那已经成为我们身上的一部分。与其觉得它们丑，不如把它们装扮成特殊的标志。

没孩子前，我们会怨恨父母，觉得他们没有让我们变得更好。随着孩子成长，我们重走童年路，终于与自己，也与父母和解。

终有一天你会发现，也许你做得还不如自己的父母。

我有一个来访者，她多年来一直不理解妈妈做的一件事，就是小时候让她一个人守着空空的房子。直到她长大成人，还时常在夜晚想到那些孤单的时候。

长大后，她问妈妈为什么这么狠心，谁知道妈妈抚摸着她的头告诉她：“爸爸是工伤去世的，单位分的房子按理说没人住就会被收回。我哭着喊着求领导体谅孤儿寡母不容易，他们才勉强同意只要有人住就不收回房子。”

妈妈为了养家要去远一点的地方上班，而且经常上夜班，单位的房子又不能没有人住。家里只剩三口人了，弟弟送去外婆家住，她则必须承担起一个“大人”的责任。当时的情况，那就是最好的选择。

当她解开心里的疑惑后，就原谅了妈妈，并且开始佩服这个伟大的女性，如果她是那个中年丧夫的女人，未必做得比妈妈好。

当我们意识到这一点，可能就慢慢地与自己的创伤和解了。我们也只有与自己和解、与自己的创伤和解后，才能独立地扮演一名妈妈的角色，不让伤痛代代相传。

当我们以孩子的身份审视父母的时候，应该看到那一辈人的局限性。他们小时候就是以“生物个体”的身份被抚养长大的，所以不知道重视我们的心理需求，这是正常的。他们的工作能力有限，为生活所迫的事情太多，所以没有给我们足够的陪伴，让我们从小尝试孤独，这也无可厚非。

同样，当我们以父母的身份被孩子审视时，我们也会有各式各样的问题。一个年代的孩子有一个年代的特征，父母与子女有隔阂是必然的。终其一生，我们都要学会放过父母，也放过自己。

脱去创伤的外衣，轻装上阵，轻松当爸妈。

爱其所是，而不是爱你所愿

东方文化和西方文化不同，我们太强调家的合力——落叶要归根，孩子是父母的命根。但这种亲人私有化的传承，是家长的武器，却是孩子的毒药。

“控制”这两个字，确实不怎么好听。如果我们对任何一对父母说，你在控制孩子，他们都会大吃一惊：“你在说什么？你才在控制孩子呢！”

就是这样，控制孩子在不经意间实施，没有人会承认，只有孩子会感受到真正的压抑。我们可以从孩子长大后的蛛丝马迹中判断他有没有独立的灵魂。

有一次我回娘家吃饭，看到了很有意思的一幕。我从小在那种环境中长大，不觉得有什么问题，但是在旁边吃饭的丈夫却难以忍受。

那天，妈妈做了打卤面让我们去吃。我弟弟可能是不太爱吃卤，索性就盛了一大碗面，上面放了零星的卤。接着，我妈妈就开了“机关枪”：

“你盛这么多，怎么拌得开啊？”

“快，我给你放一勺卤，要不然不好吃啊！”

“你不能这样吃，以后吃腻了怎么办？”

直到弟弟符合了她的心意，把面条搅拌成她想要的样子才算作罢。我当时只是觉得她太啰嗦了，而我丈夫实在看不下去就说了一句：“让他自己吃吧，想怎么吃就怎么吃呗。”

可是我妈妈还是在絮叨：“放点蒜好吃啊，吃面条就是要多吃卤……”

可能她自己都没有意识到，她在推着孩子往自己想要的方向靠拢，她在控制着孩子。

我弟弟 16 岁了，是个名副其实的“问题孩子”：成绩不好，还口口声声说自己要考北大；上课不听讲，不写作业，却总说自己在努力；自己的卧室乱七八糟，没有下脚的地方；人际关系不好，真正的朋友很少。尤其是上了高中之后，总往家跑，不想上学。

爸妈总是希望我能给他上上课，告诉他努力与学习的重要性。可是我深知，他的问题不是学习，问题的根源几乎都在父母身上。

小时候，弟弟穿衣服穿不好，爸妈就边责怪边代劳。可以说，弟弟从小就没有亲力亲为地做过什么事情，也没有体验过从做不好到做得好是什么滋味。

小升初和初升高的时候，他成绩不好，爸妈就给他花钱找学校，嘴上告诉他“考不上，你就没学上”，行动上却在帮他“走后门”。也就是说，弟弟到了 16 岁还觉得父母会给他兜底。

他从小被包裹得严严实实，无论做什么，得到的往往都是否定，所以说他没有独立的人格和想法。

我们家是传统的打压式教育。他在被溺爱和控制的环境中，还被不断地否定，所以他自卑，一直用谎言来骗自己也骗别人。他在一所三流学校读高中，成绩是倒数几名，却说自己可以考重点大学。这是在骗别人吗？他只是在骗自己而已。

如果说他是问题孩子的话，那么这个家庭就是问题家庭。父母为孩子付出了所有，孩子却依然不成体统。

归根结底，父母一直把孩子当成橡皮泥，把他捏成自己想象的样子，从来没有把他当成一个孩子，让他长成自己的样子。

我们往往拒绝孩子想做的事情，却让他做我们希望的事情。本质上，这是因为我们没有接纳“他是一个孩子”这件事，我们把孩子当成自己生命的延续，当成了永远与自己相连的个体。

孩子在这样的家庭中长大，内心该是多么苍凉，又或者是根本没有自己的内心。在别人眼中没有经历任何风霜雨雪，父母给了他最好的资源，但他最后竟然是个“问题少年”。孩子多么无辜，父母多么悲哀！

不幸的亲子关系，本质上并非父母不懂得教育孩子，而是父母自身都没有健全的人格。他们自带的人格缺陷令他们不能幸福，不敢幸福，不懂得爱。

这种缺陷可能表现为缺乏安全感，低自尊，或是太以自我为中心……

父母身上的这种特质会直接映射到孩子身上，造成孩子人格残缺。等孩子长大，他们会带着不完整的自己踏入婚姻，拥有自己的孩子……这种缺憾会周而复始，代代相传。

电影《囧妈》中，徐伊万是个事业成功却婚姻失败的中年男人。从某种角度看，他的妈妈卢小花真的是个好妈妈，比如她对儿媳妇很好，凭这一点就能说明卢小花是一个打心眼里善良的人。

当她偶然得知儿子和儿媳要离婚，第一反应是“都怪我对她不够好，我应该对她更好一点的”。

一位母亲，她希望自己可以做得更多，牺牲、付出得再多一点，来换取儿子的婚姻幸福。这种爱真的令人感动。

可是，就是她这种巨大的付出感毁掉了儿子。儿子打电话的时候，她一口口地喂儿子吃东西；喝水的时候，喝多少量也都要控制；吃饭的时候，先让儿子多吃红烧肉，等儿子吃得正开心时，又立刻扣住饭盒不允许儿子再吃一块，理由是要控制脂肪摄入量。

想想这幅画面，和我们的妈妈像不像？又想让孩子多吃，又怕吃太多？这是为人父母的心，也是为人父母的悲哀。

对孩子的掌控感就是自己的安全感。

父母不怕死，更不怕为孩子牺牲自己。但是，他们怕活着的时候，孩子像脱了线的风筝一样——自己不知道孩子去了哪儿，做了什么，见了什么人，将来会变成什么样。

这是一种多么巨大的无力感！

卢小花从来都没有“看到”过儿子，她只是把徐伊万当成了自己脑海中的儿子。徐伊万结婚后，也没有“看到”过妻子，他只是把妻子当成了自己想象中的妻子。

他们的人格都是不健全的。自己都不是完整又独立的个体，又怎么能给自己带来幸福。

电影中有一处不容易察觉的对话。徐伊万和母亲的矛盾到了顶峰，他终于喊出了真心话：

“我终于知道我爸为什么喝酒了，就是因为你什么事都要管着他。管他吃，管他喝，管他穿什么衣服，管他调动工作，管他交什么样的朋友。”

“我记得很清楚，当你冲到他们单位去，对着广播站的大喇叭喊，你们所有人不要和徐翔交朋友，不要到我们家里来，不要和徐翔喝酒。”

也就是说，她就是这样一个妻子，因为丈夫喝酒，她就去丈夫单位大喊。她希望丈夫身体好，不要喝酒误事。她的出发点是好的，她是爱丈夫的。但是很明显，她没有爱的能力。

她的儿子徐伊万同样没有爱的能力。徐伊万的妻子是个人格健全的人，却不是一个愿意陪他“长大”的人。

徐伊万和他妈妈都是缺乏安全感的人，只能通过这种方式，来换取一点点亲密感，换取一丝丝掌控感。

从某种角度说，他们是可恨的，因为他们组建的家庭也使其他人不幸福。但同时，他们也是可怜的，他们真的很想好好爱，认真幸福。只不过，有些人是刺猬，越是抱住别人，越是会伤害到别人。

现实中的我们太想变成一个“好人”，一个所有角色都扮演得很好的人——好女儿、好妈妈、好妻子、好儿子、好爸爸、好丈夫……

可是想一想，到底谁最需要我们这么“好”呢？

这个人不是别人，而是我们自己。我们太害怕自己不能扮演某个角色了，所以只能拼命控制，拼命付出，付出到忘了自己。

我们不敢问自己：我的丈夫如果就是一个爱喝酒的人，我还爱他吗？我的孩子就是一个“不乖”的孩子，我还爱他吗？

人不敢面对残忍的真相，就只能用拼命抓住的方式，给自己安定的感觉。这种不敢是人格缺失，也是无数家庭不幸福的根源。

爱一个人，最根本就是要爱其所是，爱他本来的样子。

都说父母是孩子的镜子，我觉得更准确地表达是心理学上的名词“镜映”。家长的想法，不仅仅是被“镜子”看到，还会映射到“镜子”心里。

家长不开心，孩子能体会到沮丧；家长高兴，孩子能体会到欣喜。那种情感的波动不是主观改变，而是被动地前进。

电影《消失的爱人》是一部讲述婚姻的电影，我们却可以从女主角身上看出家庭教育的悲剧。

女主角艾米是一个天才少女，家境优渥，举止优雅，她年少成名，只因为父母给她写了一本“自传”——《了不起的艾米》。

为什么“自传”两个字要加引号？因为那位“了不起的艾米”并不是真正的艾米，而是父母想象出来的完美的孩子。

她完美无瑕，是千万人心中的甜心公主。“了不起”的艾米是一位大提琴天才，婚姻幸福美满。而真实的艾米，10岁就放弃了大提琴，婚姻也失败了。

可是，谎言说多了，我们自己都信了，父母的映射多了，孩子也就当真了。艾米也把自己当成了那个“了不起的艾米”，尽量做到完美无瑕，达成父母的期待。结婚后，她把这种相处模式转移到了丈夫身上，她尽量温柔可人，为保持身材不敢吃甜品，性生活上也完全按照丈夫的愿望进行。

最后呢？

丈夫不仅事业不景气，还出轨。在一个下雪天，在用她的钱开的酒吧门前，她目睹丈夫抱着一个“了不起”的姑娘。那个姑娘看起来艳丽明媚，就像是人们脑海中的“了不起的艾米”。

于是，她展开报复计划，要摧毁丈夫。她设计好一个连环计之后就消失了，留下种种证据，表明丈夫是杀害自己的凶手。

她摧毁丈夫其实是报复父母——我一切都按照你们的期待生活，你们为什么还是不能爱我！

她伪装成好女儿，伪装成好妻子，却依然没有得到应有的爱。

“消失”后的她，剪了头发，大胆吃零食甜品，终于不用做那个“了不起的艾米”，她可以做不那么成功的艾米了。

但是这个艾米就是真正的她吗？

或许，她永远错过了找到真正自我的机会。因为她从小在父母的镜映里，看到的都是那个“了不起的艾米”。

心理学家李雪在《当我遇见一个人》中说：“一个身体只能承受一个灵魂。如果父母的控制密不透风，孩子实际上已经精神死亡。”

孩子真正的灵魂，已经被父母镜映的那个灵魂“挤”出身体。

从这些事例中，我们可以得出一个可怕的结论——到底谁才是母亲，谁才是更依赖对方的那一个呢？

父母自身不自信，爱的能力不足，投射给了孩子，让孩子身体里的自我与父母镜映中的自我反复碰撞，使他们性格产生缺口，从而失去获得幸福的能力。

到底怎么样才算爱一个人？

爱其所是，而不是爱我所愿。

不要害怕孩子会变得不好，不要害怕自己不能做到最好，越是害怕，害怕的结果越是会到来；越是害怕，越是做不好。

害怕失去是父母的通病，也是父母最纯洁的心。

我们这一代“被控制”的人长大了，也成了父母，既然知道那种痛苦，就不要强加在孩子身上。

给孩子一点空间吧，不管他们做得好不好；

不要总是拒绝孩子，他们的愿望并不过分；

不必事无巨细地照顾，捆绑的关系是彼此的毒药。

孩子从出生到会坐、会爬、会走，做什么事都必然经历从生涩到熟悉的过程，我们既然爱他们如命，那为什么不能给他们慢慢长大的机会呢?

他们有他们的人生，我们有我们的人生。忠于自己走一程，才算不负此生。他们走的路也许错了，也许对了，那都是他们自己的人生体验。

人生哪，活得这么“对”给谁看!

电影《囧妈》中，徐伊万从来都不知道自己的妈妈会唱歌，妈妈为了照顾他，也丢弃了自己的梦想。到了老年，她宁愿花钱被骗，也要去俄罗斯的舞台上唱那一首《红莓花儿开》。

可见，每个人的心中都有“自己”的影子，只不过我们有时候爱孩子超过了爱自己。

而孩子爱什么样的父母呢?

是那个舞台上光芒万丈的妈妈，也是摘掉了假发沧桑的妈妈，真实的、有自己生活的妈妈。

父母成为自己，孩子也能够做自己。这是电影最好的结局，也是亲子关系最恰到好处的分离。

重返童年：孩子是生命馈赠的礼物

孩子是神奇的存在

我总觉得生命是伟大的。一个人有父母也有子女，既是传承者，也是被传承者。在家庭教育中，我们被迫学习的成分很多，被原生家庭赋予的爱与痛也数不胜数。当我们成为父母，成为传承者的时候，又把自己身上的特质传递给了孩子。

然而孩子是很神奇的存在，他与我们精神里的“小人儿”非常吻合。我们每个人身体里都住着三个人——父母、孩子和自己。其中，“父母”不是真实的父母，而是想象出来，可以无条件爱我们的那个人；“孩子”是一个弱小无助的存在，是我们灵魂中被埋藏起来的脆弱。

我们有了孩子后，他在我们心里也是复杂的存在——看似是弱小需要保护的小孩儿，其实是渴望被保护的我们。同时，孩子对父母的爱是真正无条件的。他们对我们的爱不会因为我们美或丑，穷或富，喜或怒，笑或哭而减少半分，所以孩子某种程度上也是我们的“父母”，对我们无条件地接纳与包容。

孩子真的是生命的馈赠。养育孩子的过程也是我们重走童年之路的过程。我们可以弥补自己未被接纳的痛苦，也能保护那个曾经软弱无助的“小人儿”。

终有一刻，你看到那个长得像你的小孩儿或哭或笑，感到自己正在被治愈。

润物细无声的爱如此动人

我丈夫是个比我有耐心的人。加上我主业副业都比较忙，所以带孩子的重任经常会落在他的肩膀上。我也承认，有时候我是在潜意识里让自己忙碌起来，我不是没有时间陪伴孩子，而是不知道怎么陪伴。我没有享受过和父母亲昵依偎的时刻，所以不知道如何跟女儿制造这种亲密感。

而我丈夫，他的性格和原生家庭都是比较健全的，他也知道如何陪伴一个表达能力不太好的孩子。

有一天周末，我在书房写稿子，丈夫和女儿兜兜在外面玩儿拼图和粘贴画。丈夫慵懒地侧躺在沙发上，右手支撑着脑袋，偶尔帮一下兜兜。兜兜站在沙发旁，半趴着思索手里的拼图摆在哪里合适。一大一小两个身影交相辉映，安静得几乎没有说话，可是那个画面却让我鼻子一酸。

所谓岁月静好，不过如此。我没有体会过的陪伴与温情，女儿体会到了，真好，真的很好。

她替我完成了未完成的梦，替我体会了安静陪伴和与父母情感交融。原来，温情的感觉是那样的；原来，润物细无声的爱是如此动人。

我并非要孩子替我完成梦想，而是在保护她。给予她的过程好像是在给予我内在的那个小孩儿——我拯救过自己，也在努力爱自己。

接纳真实的自己

我们成年人，总是走了太远的路就忘记出发的目的。懂得越来越多的道理，到最后还不如一个孩子懂得生活的真相。

其实生活没有那么复杂，单纯的心就是万事的良药。

兜兜是个比较情绪化的孩子，这点和我们夫妻很像。她看动画片《萌鸡小队》，看到小萌鸡迷路找不到妈妈，妈妈也找不到小萌鸡，就紧张到紧紧攥着抱枕的角，眼眶湿湿的还有点想哭的样子。

她也会因为白天给楼下的流浪猫喂一块面包，就高兴得连做梦都在笑。她胆子小，不敢靠近小猫，但又觉得小猫可怜，就扔下一块面包，然后跑到远处看它们吃。那天晚上，她在梦里咯咯地笑，嘴里还说着“吃吧，小猫”“咱们是不是好朋友”。

曾经我是一个多么懂事的孩子——想哭的时候忍住，想笑的时候也要忍住。慢慢地，我就忘了怎么哭，怎么笑。但事实上，哭与笑是人世间两种最普通的情绪。我们连接纳自己情绪的勇气都没有吗？

我羡慕女儿在童年的时候想哭就哭，想笑就笑。这么单纯的想法、单纯的自己，不就是我们向往的生活吗？

孩子的治愈能力超乎我们的想象。我们从他们身上学到很多，也在经历治愈，从生活的真相中找到一丝丝亮光。

一个人没有必要那么“懂事”，因为有人足够包容你。童年的时候，我没有，很庆幸，长大后遇到了我丈夫，生下了可爱的孩子，遇到了真正包容我的他们。

来自孩子的无条件的爱

虽然我是一名妈妈，可是当我观察自己、观察女儿的时候，常觉得她才是“妈妈”。我们渴望的父母，是能够无条件爱我们的人，不会因为你考得好不好、懂事不懂事、优秀与否而改变。我们的孩子恰好就是这样一个爱我们的人。

也许是出于小孩子的童真，兜兜非常喜欢说一句话——妈妈，我好喜欢你啊。不知道什么时候，她就会冒出这样一句话。瞪着大大的眼睛看着你，等待着你的回应。

有一年冬天，我下班回家，一进门把冰凉的手放到她的脖领里，她凉得边笑边叫。最后，她拉过我的手，说："妈妈，我给你焐焐。"

除了真心爱你的人，谁还会在你冰了她后给你焐焐手呢？

兜兜从断奶后就开始出现"皮肤饥渴"，就是一定要让大人抚摸才能入睡。有时我有耐心一直抚摸她，有时我也很困就开始敷衍她："妈妈手疼，受伤了，不能摸你了。"

你们猜，她的反应是什么？

她又拉起我的手，放到被子里，说："咱们在被子里焐焐吧，焐焐就不疼了。"过了一会儿，她问我："妈妈我大腿痒痒，你的手还疼吗？"我说还疼呢，她说："那兜兜自己挠挠吧。"

我们终其一生都在寻找这种无条件的爱——能容下我们的一切爱恨情仇与不堪丑陋，让我们知道自己身后有路、旁边有人。这就是我们的安全感。

也许在原生家庭中，父母没有给过我们这种无条件的爱与包容，没有给过我们这种安全感，我们总感到不安与彷徨。

可孩子竟然成了我们的"妈妈"，比任何人都能给我们安慰。

我记得非常清楚，在一个微风徐徐的初夏，兜兜每天都在我下班的必经之路上等我。只要我出现在她的视线中，她就开始朝我跑来，嘴里喊着"妈妈，妈妈"，脸上洋溢着最幸福的笑容。那天，我和丈夫拉着兜兜的小手，微风在前，夕阳在后，我们一家三口在林荫路上行走。

那一刻，我觉得自己被治愈了。过去的路不好走，可未来的路会越来越宽广。过去我没有感受到家的温暖，余生我有家了。

有一本绘本我很喜欢，叫《猜猜我有多爱你》。小栗色兔子该上床睡觉了，可是他紧紧地抓住大栗色兔子的长耳朵不放。他要大兔子好好听他说“猜猜我有多爱你”。

他把手臂张开，开得不能再开，“这么多”。

“我的手举得有多高，我就有多爱你。”

“我爱你，像这条小路伸到小河那么远。”

“我爱你一直到月亮那里。”

这是小兔子对妈妈的爱。妈妈永远猜不到，孩子有多爱我们。不管我们怎么骂他们，怎么责怪他们，甚至动手打了他们，他们还要拉着我们的手，求我们不要生气。

孩子的爱——妈妈治愈自己最好的药。

陪伴中感知，感知中疗愈

陪伴孩子走过童年的路，也是我们自我疗愈的过程。那些遗憾或许会在点滴中得以弥补。

当我们对孩子无比喜爱，或者不明所以地发怒时，有时候是在弥补自己的童年缺憾。

当然在治愈的过程中，还有件事一定要注意，就是把真实的孩子与我们内心的那个孩子区别开来。

我们不要因为自己童年时未被善待，就对孩子没有原则地溺爱；不要因为自己曾被冷漠相待，就不能接受孩子长大，不能接受被孩子“抛弃”。

我们只需要在陪伴孩子长大的过程中，感知生活，感知童年，触动自己的内在小孩儿，激活生命的活力。

纵使童年有憾，也应该多抱抱自己，抱抱孩子。

认识孩子：孩子“不乖”的时候，到底在想什么

不同年龄的孩子，教育重点是什么

前两章，我们从父母的角度探讨了教育。父母要认识自己、洞察自己，看到自己原生家庭的烙印，尽量做一名独立、放松的妈妈，让自己和孩子都有健全的人格。

爱的能力比爱的动机重要得多，那什么才是爱的能力呢？

说白了，就是认识每个孩子的不同之处，认识同一个孩子在不同年龄段的不同之处。孩子的视角与我们不同，他们不是天生就懂事的。这样说也许看起来有点假大空，我用一个例子来说明。

一个人早上跑进西餐店，想要一整张比萨。服务员问他，是切成4块还是切成6块呢？他回答，切成6块吧，我太饿了，6块多一点。

用我们的思维去看这个问题，这个人有点傻，不管是分成4块还是分成6块，不都是1张比萨吗？

但是，我们要是问孩子，可能结果就大不相同。

6岁以前的孩子会很淡定，觉得这个人说得对啊，6就是比4要大啊。七八岁的孩子会哈哈大笑，表现得很激烈，他们以为自己知道了别人不知道的事，所以要炫耀。而再大一点的孩子，会立刻纠正错误，毕竟这与他们的认知不同。

这个小故事告诉我们，从发展心理学的角度看，孩子在不同阶段有不同的心理特征，不同的认知和道德水平。每个阶段的孩子也有不同的发展任务。顺应孩子的发展规律就是尊重孩子。

再给大家举个例子，小孩子总喜欢在马路上横冲直撞。即使我们告诉他们，他们个子太小，司机叔叔可能看不到他们，所以要远离车辆，孩子往往也听不进去。

这是因为孩子不听话吗？

并不是，这是他们所处的心理发展阶段导致的。他们还不能理解"我知道而别人不知道"这件事。6岁以前的孩子，是以自我为中心的。他们以为自己知道的事，别人也知道。自己能看到司机叔叔，司机叔叔自然也能看到他，所以横冲直撞，别人也会让开。

我们往往给孩子贴上"调皮""不懂事"的标签，殊不知孩子是真的不理解。

心理学上有一个小实验——让孩子观看一段视频，视频的内容是妈妈当着小明的面把糖果放到绿色的柜子里，然后小明出去玩儿的时候，妈妈又把糖果拿出来放到蓝色的柜子里。那么请问，小明回来后，会去哪个柜子寻找糖果？

答案很明显，对不对？当然是绿色柜子啊，因为小明不知道妈妈偷偷把糖换了地方。

你可以问问自己的孩子，他们的答案可能令你大吃一惊。

上幼儿园的孩子，他们的答案是小明会去蓝色柜子里寻找糖果，因为他们觉得自己知道了，别人也应该知道啊。

即使再怎么跟他们强调，大吼一顿，掰开了揉碎了讲清楚，甚至画图表示，孩子依然不懂。

有些知识对懂得的人来说轻而易举，但对不懂的人来说是意想不到的。我们要理解孩子的“自私”，他们的角度与我们真的不同。

那么，不同阶段的孩子，到底有什么特征呢？

瑞士心理学家皮亚杰把儿童智力发展分为四个阶段——感知运动阶段、前运算阶段、具体运算阶段和形式运算阶段。前两个阶段又细化为几个小阶段，每个阶段的儿童都有不同的心理特征，代表着他们的心理发展程度。可能会因为各种因素提前或推后，但顺序不会错乱。

感知运动阶段（0～2岁）

感知运动阶段的孩子还是小宝宝，他们通过条件反射和身体感觉来感知世界。吮吸、啼哭等都是条件反射。拿到一个东西就要往嘴里放，这是他们用嘴巴、用身体感知世界的过程。

随着月龄的增加，小宝宝们也试着探索世界，解决问题。一个很明显的特征是他们喜欢玩儿躲猫猫游戏。9个月以前，我们藏起来，孩子就以为我们消失了。9 个月以后，他们就会倾向于寻找，认为物品是永恒存在的。

这也提醒我们，如果要与孩子分离的话，要提前跟他们说好，让他们知道爸爸妈妈会回来，他们真的可以听懂。

18 个月以后，他们会试着模仿父母解决问题。比如，用东西把玩具遮起来，他们知道掀起遮盖物找到玩具。当他们有了模仿意识，开始学习解决问题，这意味着他们到了下一个发展阶段。

前运算阶段（2 ～ 7 岁）

前运算阶段的孩子，其思维能力的一个显著特征是表象思维，也就是他们看到什么就是什么，不能用逻辑去分析问题。不管是说话还是做事，都是以自我为中心，用自己的思维和想法去衡量外界。

举几个简单的例子。他们会喂娃娃、桌子和椅子吃饭，认为一切都是有生命的，像他一样会饿会困，会哭会笑。他们自己喜欢的物品，认为对方也喜欢。比如，把自己珍爱的洋娃娃送给妈妈，那对他们来说真的是忍痛割爱，他们觉得妈妈一定也喜欢那件玩具。

他们的思维是“不可逆”的。如果你告诉她，爸爸的爸爸叫爷爷，他就不能回答爷爷是谁的爸爸，因为他们的思维是固化、单向的。他们只会用自己的标准衡量外物。比如，将两瓶一模一样的饮料倒进大小不同的杯子里，他们肯定会选择大杯子，因为他们只能用大小、多少来比较事物。

这些都是前运算阶段孩子的表现。他们不是笨，不是思路清奇，只是处在那样的生长发育阶段而已。

具体运算阶段（7 ～ 11 岁）

具体运算阶段的孩子，基本上就是小学阶段的孩子。他们这时已经可以理解，将一模一样的饮料倒入不同的杯子，它们的量是不变的；还有一斤棉花和一斤铁，它们的重量是相等的。孩子能够做一些物品分类，识别先后顺序，还有一些简单的数学运算。

其实这也提醒我们，孩子在不同年龄段的智力水平是不同的，我们要根据孩子的特征，引导其智力、情感和心理发育，不要过早给孩子进行系统教育，那无异于揠苗助长。

同时，他们开始“去中心化”，不再以自我为中心，考虑他人的想法，知道自己与他人的思维是不同的。

他们也懂得了什么叫作规则。比如，老师要求上课不能乱动，这就是不能改变的，他们必须遵守。我们可能发现很多小学一年级的孩子，不能安安静静地坐着，但是到了二年级就好多了。这其实就是规则意识的发展，他们开始理解规则，遵守规则。

形式运算阶段（12 ～ 15 岁）

许多家长经常说：“小学一二三四年级有什么啊，都那么简单，有什么理由不考高分、满分？到了五六年级难度上升了，不考高分才情有可原。”

那是因为我们成年人的智力水平和逻辑思维都发育完整了，可是孩子在他的年龄段，有可能就是无法理解一些简单的问题。再加上个体差异，有的孩子运算阶段来得慢一些，这是很正常的现象，家长再着急，再怒吼，孩子也理解不了。

大家还记得我们在小时候几年级开始做几何证明题吗？“证明对顶角相等”“证明两个完全平行的角是相等的”……

大概是在小学五六年级吧，这也是此阶段孩子思维发展的重要标志。他们开始根据逻辑推理来分析问题、解决问题。

他们也有了抽象和想象能力。皮亚杰（Jean Piaget）举过一个例子——爱迪丝的头发比苏珊淡些，爱迪丝的头发比莉莎黑些，那么三个孩子中谁的头发最黑？对于具体运算阶段的孩子，这个问题若以语言形式出现，则他们难以正确回答。若是给他们画出来，或者给他们一个实物，他们就能很清晰地识别出来。

而当孩子到了形式运算阶段，他们可以通过文字描述，在大脑中形成模型，辨识区别与判断程度。

我通过介绍儿童智力发展的四个阶段，简单描述了孩子的成长过程。之所以讲这些，是想让各位回忆或对照一下自己孩子的成长经历。

那些道理，孩子终将会明白；那些不会的题，孩子早晚能解开。

没必要着急，更不要为此苛责孩子，给孩子留下情感创伤。

很多家长可能还会有问题，皮亚杰的发展阶段是针对智力的，那么针对孩子的心理和人格发展，我们又应该怎么做呢？

美国著名精神病医师埃里克森（E.H.Erikson）把人格发展分为八个阶段，其中，前五个阶段是在成年前，我们一起了解一下。

婴儿期（0～2岁）：基本信任—基本不信任

孩子从子宫这个安全温暖的环境中来到纷杂的人世间，他们需要一个过渡的过程。这个过程其实就是在与世界建立信任感与安全感。虽然现代社会总是强调父母共同养育的重要性，可是在这个阶段，妈妈的作用远远大于爸爸。

孩子在妈妈身体中生活的9个月，与妈妈建立了一种密不可分的联结。他们只有在基本的需要被满足之后，才会获得安全感。

不要觉得不会说话、不会走路的孩子就不用管，他们对主要养育者（一般是母亲）完全信任了，才能对别人有信任感。

重点：孩子2岁以前，妈妈要给他们绝对、无条件的爱；及时回应孩子的生理和心理诉求，千万不要希望这个年龄的孩子懂事；被拒绝的挫败感会跟随他们到成年，甚至一生。如果他们的信任感更多一些，不信任的感觉少一些，他们就更容易对世界、对未来产生希望，也就是对美好生活抱有信念。

幼儿期（2～4岁）：自主—羞愧和怀疑

孩子到了这个阶段，我们成年人所说的“叛逆期”“Terrible Two”（可怕的两岁）就要到来了。孩子有了独立行走的能力，能用语言和行动表达自己，也到了自我意识的萌发期。为了显示自己的力量和摆脱控制，他们会频繁说“不”，甚至拒绝大人的帮助。

所以这个阶段的父母，要多给孩子一些探索的空间，在保证安全性的情况下，让孩子尽可能地去创造、去发现。

同时，这个阶段的孩子又有一些矛盾。他们刚会走路的时候希望自己走，不被扶着搀着，但真正学会走以后又渴望被抱着。这是因为他们想自己探索世界，但又发现世界会伤害他们，所以还是回到怀抱吧。

重点：这个阶段的孩子，需要足够的尊重，在力所能及的范围内给他们一些空间。要在他们身后及时回应，让他们知道自己是被爱的、安全的；也要注意不能过分放纵，不能任由孩子造作。可以教给他们一些简单的社会秩序，训练他们自主排便和进食，用这种方式教他们增强秩序感。此时要特别注意，一定要发挥父亲的重要性。

学龄初期（4～7岁）：主动性—内疚感

学龄初期阶段的孩子，表达能力已经很好。他们喜欢了解各种新鲜事物，凡事爱问“为什么”。他们的学习精力非常充沛，开始探索哪些被允许、哪些不被允许。

如果他们的创造力得到鼓励，幼稚的问题得到回答，那他们会非常愉悦，主动性也会得到发展。相反，如果被打击、嘲讽和压制，他们就会觉得这种行为是不好的，就会产生内疚感和挫败感，甚至怀疑自己的价值，变得唯唯诺诺，胆小讨好。如果儿童在这个阶段获得的自主性胜过内疚感，那么孩子将来就能正视和追求有价值的目标。

值得注意的是，这个阶段的孩子对游戏痴迷。他们喜欢通过各种游戏来获取成就感和自我教育。当然这个游戏并不是电子游戏，而是在家长陪伴下做的亲子互动游戏。讲不明白的道理，家长可以用游戏和故事让孩子理解。

重点：本阶段的孩子对自己的定位、自己与他人的关系有了初步认识，他们开始认识社会规则，进一步打开探索世界的大门。这也是我们家长给孩子立规矩的好时机，足够的接纳和一定的要求是给予这个阶段孩子的礼物。

学龄期（7 ～ 12 岁）：勤奋—自卑

在整个发展过程中，儿童遇到的主要问题是建立自信与自尊。前三个阶段如此，这个阶段也如此。可以想象，如果一个孩子的自信与自尊都建立得非常好，那么他们也就自然而然地获得了信任感、自主性、创造力和勤奋感。

教育学龄阶段的儿童，一个很重要的目标就是帮他们培养勤奋的品质。这能让他们在以后的生活中，以稳定的注意力和孜孜不倦的勤奋来完成工作。

重点：家长教育学龄儿童的重要任务，就是激发他们自主学习的活力，鼓励他们培养勤奋的品质，帮助他们品尝努力与勤奋的果实。虽然成绩不好会令家长沮丧发怒，但请记住，家长要帮助这个阶段的孩子认识勤奋，用勤奋去打败自卑感。

青春期（12 ~ 18 岁）：自我同一性—角色混乱

说到青春期的孩子，很多家长都会头疼，因为太难管了。其实正是因为这个“管”字，才让孩子变得更加叛逆。

大家发现没有，这个时期的孩子很喜欢照镜子，他们到底在照什么呢？

他们的心里其实有两个“我”——一个是自己以为的“I”，还有一个是别人眼中的“me”。他们希望真实的自己与别人对自己的评价是一致的。他们观察镜子里的自己，重视自己又不懂自己。他们发现自己根本没有那么好，感觉到孤独又没有人能够倾诉。

所谓“同一性”，正是希望自己以为的“I”和别人眼中的“me”尽量统一。

他们内心的两个“我”一直在打架。他们的种种行为也只是证明自己强大，掩饰自卑的内心。如果周围的人反对他们，不让他们成为自己想成为的人，他们就会反抗，有了“反社会”的冲动。与父母疏离当然也是一种必然现象，毕竟两代人的观念不同，孩子很难从父母身上得到认可。

如果孩子在这个阶段不能得到良好发展，那么下个阶段将会无限延迟。其表现就是有些人成年后依然很在意他人的眼光，希望活成他人期待的样子。

重点：对这个阶段的孩子，就不要用“管”和压制来教育了，多多给他们鼓励和支持。父母对他们的评价，尽可能与他们脑海中的“me”统一，只有两个“我”统一起来，孩子的人格才能得到健全发展。

不管是孩子的智力发育还是人格发育，都给我们一个提示，那就是在孩子的不同发育阶段，父母有着不同的教育任务。不要以大人的尺子去衡量孩子，要用孩子的视角去看待他们。

上面这些年龄阶段也只是一个平均数。我们还要看到孩子的个体差异，一个阶段的到来，有的孩子会早一些，有的孩子则晚一些，都无可厚非。

我至今还记得，初中时，班上有个男同学喜欢照镜子，老师说他怎么像女孩子，同学们也都笑话他。现在回想起来，他可能不是在照自己的脸，而是在照自己的内心。

我们曾经也是孩子，回想这一路走来，就应该知道孩子长大有多不容易。也许成年人并没有长大，只是我们珍视的东西不同了。小时候珍视一件玩具，长大后珍视一所房子；小时候珍视一个玩伴，长大后珍视一个喜欢的人。

既然我们也曾经是孩子，那就多尊重自己的孩子。

认识孩子的心理：妈妈在，孩子更不乖，谁的错

“磨娘精”的“区别对待”

记得有一段时间，我的精神几乎一直都处于崩溃的边缘。

每天我出门上班的时候，女儿都会和我上演一场琼瑶式的“生离死别”。等我下班回家后，她会像树袋熊一样，恨不得挂在我身上。

就连我上厕所她也要跟着，一脸宠溺地看着我；她吃饭要抱着，打死也不坐宝宝椅，一顿饭要吃一个小时；我和别人说话，她就掰过我的脸，只让我看她；我稍微有点不顺着她，她就大哭大闹。

有一天，我给她讲绘本讲得口干舌燥，想去喝口水，她就开始大哭。我的忍耐已经到了极点，开始冲她嚷，说她不懂得体谅妈妈。

这样的瞬间有无数次，我对她发过脾气，实在生气的时候，还打过她的屁股。可是吼完打完之后，又是无尽的愧疚：

她还这么小，哪里懂得什么体谅？

我跟丈夫和婆婆抱怨娃难带。

可丈夫一脸骄傲地说："你不会带孩子，总是把孩子弄哭，宝宝跟着我的时候可乖了。"

婆婆也欲言又止地说："我正想和你商量，你要不每天中午别回来了。你不回来，我们玩儿得挺好，你一回来她就不乖，还经常惹得孩子大哭。"

一肚子的委屈瞬间涌上来！

为什么女儿跟着别人的时候是天使宝宝，跟着我就不乖？

曾经，我也无比自责：

是不是我的养育方式有问题？

是不是我对她的爱与关注不够多，才让她对我如此依恋？

她这样是不是因为缺乏安全感，将来会不会影响性格？

负面行为底下成长的力量

困惑了许久，我也去问了很多妈妈。原来，"磨娘精"真的很多。

也有很多妈妈像我一样采取压制方式，先克制情绪安抚，克制不住了就大吼一顿。

但是我知道，这不是根本的解决办法。

最终帮我释怀的是一位妈妈。她说："宝宝跟你黏，是因为只有跟你在一起时，她才是无所顾忌的！而且，孩子能黏你的时间，真的没有几年。"

换个角度想，孩子"磨娘"是因为他们知道，妈妈是他们最亲近的人，在妈妈面前，他们可以肆无忌惮。

而且，这些"撒泼"也有更大的积极意义。

早教专家林怡说，孩子的很多负面行为像是水面上突然出现的小旋涡，看似微不足道，底下却暗流涌动，积蓄的都是成长的力量。

孩子们的心智逐渐成熟，有了"小心机"，知道这样能释放情绪，让自己获得满足，并且还会向妈妈寻求帮助。这对孩子成长有很重要的意义。

内心安定、愿意表达负面情绪的孩子，比看起来听话懂事的孩子要幸福得多。

小说《无声告白》中，莉迪亚就是一个典型的"乖孩子"，她最喜欢说的一句话就是"好的，妈妈"。

妈妈逼她去完成自己的梦想，做一名女医生，她就去学医；爸爸希望她能融入白人的交际圈，她就每天假装和朋友打电话。

实际上，她看不懂物理生物，更没有什么朋友。

最终，无数压抑情绪的堆积，让莉迪亚走上了绝路。

相比之下，那些敢于表达、敢于向妈妈索爱、心里有安全感的孩子，多么令人羡慕。

“磨娘”行为背后的内心世界

在孩子的每一个负面行为背后，都蕴藏着积极的心理动机。他们不是故意使坏，只是为了表达某种需求。

比如，孩子“磨娘”行为的背后，其实是他们复杂的内心世界。

我们仔细回想一下，孩子不乖、黏妈妈的时候，是不是以下几种情况？

（1）3 岁以前，宝宝本来就和妈妈更亲密

孩子 3 岁以前对妈妈的依恋最为强烈。因为十月怀胎，他们在子宫这样安全的环境中，熟悉了妈妈的心跳和味道，这种依恋难以割舍。

他们走向独立的过程是逐渐的，而不是突然的。

当然，这种依恋会随着他们的成长而逐渐变淡。我们不要粗暴地制止，要保护好孩子脆弱又敏感的心，不让宝宝失去安全感。

（2）在别处积攒了情绪，来妈妈面前发泄

有一次，我在游乐场看到这样一幕：几个孩子玩儿滑梯的时候，一个大孩子插了队，后面被插队的那个小孩儿“哇”的一声哭了。

然后他就来到妈妈面前，一边捶打着妈妈，一边大哭。

因为他知道，他打不过大哥哥，但心里又很愤怒，只能跟妈妈发泄。

我们也应该理解孩子的这种感受。我们成年人积压了怨气，也容易对亲近的人发泄，更何况是还表达能力弱的孩子。

（3）知道妈妈的底线，却不敢去试探别人的底线

《美国育儿百科》（*Dedicated to the Health of All Children*）中指出，保姆或家人告诉你，你不在家时孩子们表现得像个天使，千万不要偷着开心，觉得孩子终于长大了。孩子并没有长大，而是他们对别人信任不足，不敢去试探他们的底线。

孩子不敢跟妈妈以外的人撒野，其实是他们心智成熟的表现。

他们知道，即使对妈妈撒野，妈妈还是会亲亲抱抱他们的；可是对于别人，他们没有胆量去试探。

（4）需求得不到满足，就以“磨娘”的形式发泄

很多职场妈妈，每天和孩子相处的时间不多，最多就是从晚上回家到孩子睡觉前的那3个小时。

时间久了，孩子内心总会不安。他们不知道妈妈为什么不陪着他们，更不确定妈妈会不会回来，还爱不爱他。

所以见到妈妈后，他们会表现出“分离焦虑”。

其实，宝宝们只是没有得到足够的爱与关注，所以就用“求关注”的方式来发泄不满。

“磨娘精”的“安全基地”

曾经热播的电视剧《都挺好》中，苏明成把妹妹苏明玉打伤住院后，他的岳父问了女儿朱丽一个问题。

他说，苏明成这是有暴力倾向啊，他有没有对你动过手。

就这一句话，就赚足了观众的泪点。

同样是女孩儿，苏明玉被苛待长大，成年后不敢相信别人，不敢去爱别人，看起来是个女强人，内心却脆弱无比。

娇生惯养长大的朱丽，有什么事情都能回家倾诉，她的背后永远都有依靠。

这两个女孩子长大后的不同境遇，给无数家长敲响了警钟。

孩子小的时候，如果父母给了他们足够的爱与回应，长大后他们的内心才能充满安全感，遇到挫折也愿意跟父母倾诉，不至于一个人活成“无比懂事”的模样。

再反观那些和妈妈在一起才不乖的孩子。

因为他们足够信任妈妈，愿意在妈妈面前撒娇；因为妈妈给了他们足够的爱，让他们不惧怕对妈妈表达与发泄情绪。

“磨娘”的孩子其实是把妈妈当作一个“安全基地”。当他们有安全需求的时候，就想要返回到看护人身边。

而我们这些“安全基地”要做的，就是允许他们发脾气，给他们的心灵以足够宽广和安全的场所。

优质的陪伴是最长情的告白

妈妈在的时候，孩子格外不乖，这说明他们对安全感有着旺盛的需求。

那么，我们在给予他们安全感时，除了陪伴还要做到这几件事。

（1）足够的耐心，允许他们发脾气

宝宝发脾气的时候，我们的理智可能也已崩溃，但还是要跟即将爆发的自己说一声“暂停”。大吼大叫不能解决任何问题，还会让孩子更加缺乏安全感。

平静而温和地对待，不打压，不惩罚，就对了。

（2）离开时告诉宝宝，你要去做什么和回来的时间

大部分的宝宝都是有分离焦虑的，因为他们分不清离开和消失的区别。就像小孩子很喜欢玩儿“躲猫猫”的游戏，因为他们喜欢那种“消失”又“出现”的惊喜。

如果他们不知道妈妈是走了，还是消失了，就会局促不安。所以暂时离开的时候，一定要告诉孩子，妈妈会回来的。最好能把时间量化，比如时针到了“12”那里，妈妈就回来了。

（3）高质量陪伴，不用时间换取自己的满足感

我们总是以为长时间与孩子厮守，就是他们安全感的来源。其实不是的，安全感来自孩子内心的感知——他们确定爸爸妈妈能看到我，爱着我。

所以陪伴的时间不是最重要的，优质的陪伴才是最长情的告白。

帕蒂·惠芙勒（Patty Wipfler）在《倾听孩子》（*Listening to Children*）一书中指出，孩子喜欢在家里，在至亲面前表达全部情感，因为他能被倾听和理解。孩子在家里越被理解，以后在外面就会表现得越好。

在婴幼儿时期，健康和谐的亲子关系比任何教育技巧都重要。

下次孩子再对妈妈“作妖”的时候，想想这背后的积极力量。

通常，当他们逐渐有了独立意识，我们才会意识到，他们黏我们的那些时光真的很宝贵。

认识孩子的倾诉：怎么听，孩子才肯说

为什么我们很难被“听懂”

我们都以为，只要有两只耳朵就能听见声音，听懂别人的话就是倾听了。可实际上，那只能说明我们在听而不是倾听。听是一个动作，而倾听是一种心灵的交流。

记得我刚歇完产假回到单位的时候，整个人都处于孕傻的状态，经常在工作中做很多蠢事。有一次由于疏忽，我在会议前忘了印桌牌，领导把我劈头盖脸一顿骂。

回到家后，我跟丈夫哭诉的时候，他拿出“直男本色”对我说：“这么重要的事你怎么能忘记，以后你把工作一项项地存到备忘录里，做完一件事就勾掉一项。”他还提了很多建议，从职场的角度

看切实可行，但我却哭得更厉害了。

不知道为什么，我总觉得他没有“听懂”我说的话。

后来，我想了很久，为什么他提出又理智条理又清晰的建议，却令我更加崩溃呢？说到底，是因为他只听到了我话语的表面含义——我工作出了纰漏。

可实际上我的潜台词是，我有点挫败、有点沮丧，刚刚回到工作岗位的我，状态没有恢复，需要安慰。我当然知道自己应该怎么做，可当时那个身材还没有恢复的胖胖的、笨笨的我更需要鼓励与安慰。

心理学上有一个概念叫“透明度错觉”。它的含义是：人们总会以为自己的表情语言能清楚地表现自己的情绪，并被在场的人注意，可人们往往意识不到，他人眼中的自己与真实的自己有误差。

简单地说，就是我们以为自己的情绪在他人眼里是透明的，可这只是一种错觉，别人未必懂得我们想要什么。

同样，这种错觉是双向的。在每一次交谈中，我们都既是倾诉者，也是倾听者。对方听不懂我们的话，我们也极有可能没有理解对方的意思。

就像那次我跟丈夫哭诉，我也没有理解他的潜台词——我不希望再有人惹你哭，不希望领导再这么批评你，那么你就需要做到更好。

他没有读懂我，我也没有读懂他，于是分歧与误会往往就在这个时候产生了。

把这个概念放到亲子关系中同样适用。孩子和大人的关系不过是大人间关系的缩影。孩子未必能理解我们的心意，我们也经常“听不到”孩子的内心。

就拿让孩子穿秋裤这件事来说，孩子听到的是我们在管他们、控制他们，却没有听到我们作为过来人的良苦用心。我们只听到了孩子的叛逆反抗，却没有听到青春期少年对美的渴望。

我们表达的信息，有的是显而易见的，还有的是隐藏的。倾听是一门学问，有时候听懂对方的话就能减少很多摩擦。

三种无效倾听

阿德勒（Ronald B. Adler）和普罗科特（Russell F. Proctor）在《沟通的艺术》（*Looking out Looking in*）中指出，人们在日常生活中往往陷入无效倾听。我们不只对朋友、爱人会做出这样的反应，对孩子也经常无效倾听。下面我重点说一下父母对孩子无效倾听的几种模式。

第一种，防御性倾听。

家长对孩子的“防御”，其实就是一场权力的游戏。我们总觉得孩子要做错事，而孩子却觉得我们试图控制他们。所以，我们在倾听时就自动给孩子贴上了标签——这孩子要做坏事。

这和人的攻击本能也有关系。人为什么有攻击本能，为什么要攻击别人呢？在远古时代，人类需要攻击动物或他人，才能获得食物与安全的领地。我们需要通过攻击别人来获得某种安全感。同样，我们也会有被攻击的感觉，所以防御也是一种本能。

不管孩子说什么，我们都试图挑出孩子的问题，把孩子的话当成攻击，采取防御措施。

举个例子：

“妈妈，周末我想去小明家吃午饭。”

“哪个小明，你们班的吗？我怎么没听你说过他？”

“就是我们班同学啊，我跟谁关系好难道都要告诉你？”

“干什么非要去人家吃午饭，人家家长不嫌麻烦吗？”

“小明和他妈妈已经说好了，他妈妈是个非常温柔讲理的人。”

“你的意思是我不温柔讲理了？你们两个在一起干什么，又要玩儿一天游戏吗？”

说到这里，这对母子的对话已经火药味十足了。我们回过头来再看，这个孩子说的第一句话是“妈妈，周末我想去小明家吃午饭”。他真正的意图也许就是想和朋友一起玩儿，而妈妈却步步紧逼，让这次谈话以不愉快告终。

这就是很典型的防御式沟通，倾听者的意图不在于理解对方，而在于找出对方哪句话冒犯了自己，准备回击对方。

第二种，埋伏性倾听。

如果说防御式倾听是给孩子贴标签的话，那么埋伏式倾听就是给孩子挑毛病，假定孩子就是个有问题的孩子。这两种倾听很像，但前者更像是攻击者与被攻击者，而后者更像是居高临下的挑剔者。

举个例子：

“你今天在幼儿园乖吗？”

“嗯，挺乖的。”

“乖乖吃饭了吗？中午睡觉了吗？”

“嗯，吃了，也睡了。”

“不可能，你下午回到家就开始找吃的，中午一定没有吃饱。头发一点儿也没有乱，肯定没有睡觉。”

很明显，妈妈是带着答案去谈话的，埋伏起来找孩子的漏洞。我们仿佛是一个名侦探，骄傲地找到孩子的漏洞，让他们自惭形秽。

这种沟通方式很常见，彰显自己的优越性的确是一件很过瘾的事，能找到对方话语、表情中的漏洞，也能获得某种意义上的成就感。

但是，我们考虑一下对方的感受，尤其是在孩子说谎之后，家长的埋伏式倾听最常见。孩子的小心思或脆弱的小自尊，就这样被拿出来，按在地上摩擦，他们的内心是何等煎熬。

家长不试图了解孩子，不断挑剔他们表达中的漏洞，这会让孩子丧失交流的欲望。时间久了，我们可能就失去了倾听孩子的权利。

请记得，即使发现了孩子隐藏的小心思，知道孩子说谎了，也不要让孩子踏入我们的埋伏，然后血淋淋地揭开真相。

第三种，隔绝式倾听。

对于孩子的问题，我们不想正面回应，于是简单作答后，就顾左右而言他。很多时候，对一些我们觉得“小孩子不需要知道”的事情，或者“小孩子无权过问”的事情，我们会采取隔绝的办法，拒绝回答也拒绝倾听。

举个很简单的例子：

“妈妈，你为什么总是和爸爸吵架？”

“小孩子管这么多干什么，你作业写完了吗？”

其实，孩子最初的提问只是出于好奇，他想知道为什么自己的家庭关系不和谐了，背后的需求是希望有一个温馨又稳定的家。可家长却觉得这种问题不是小孩子应该知道的，便隔绝了孩子的问题，隔绝了孩子的需求。

在很多亲密关系中，我们都会采取隔绝式倾听，因为对方触动了我们的“逆鳞”，触碰到我们不想说的心事。可是，我们在隔离他们的同时，也隔离了对方的关心，隔离了彼此之间的联系。

有效倾听没那么难

什么才是好的教育，恐怕 1000 个人有 1000 个答案。我认为，好的教育一定是家长跟孩子沟通非常顺畅，家庭关系非常和谐。这不仅说明孩子有美好的原生家庭，也说明家庭成员之间有爱与尊重。生活在这样的家庭，提起父母满是阳光与骄傲的孩子，一定是幸福的孩子。

良好的沟通未必在于家长怎么说和说多少。我们平时所犯的错误恰恰是说得太多，听得太少。很多家长，尤其是妈妈，很喜欢唠叨孩子。家长强大的气势会憋住孩子的能量，我们应该学会倾听。倾听并不只是竖着耳朵听就可以了，它更多是指心与心之间的交流。家长有些行为会阻碍孩子的倾诉通道，我们一定要学习让孩子愿意跟我们倾诉。

那么，怎么才能与孩子建立良好的沟通关系呢？

首先，杜绝无效沟通，不带着刻板印象去倾听。

对于上面提到的三种无效倾听，我们一定要反复揣摩自己的言行。如果孩子有了倾诉的欲望，我们千万不要阻塞亲子沟通渠道。

虽然有时候事情很严重，我们很着急，但是也要记得，在孩子跟我们沟通的时候，先听孩子把话说完。认真倾听，不带个人看法。

我个人很注重倾听对方，所以我常用以下四句话提醒自己：

1. 不打断他，忍住憋住，听他把话说完。

2. 他信任我，才愿意跟我倾诉，不要打破这种信任。

3. 他真实的想法是什么，背后的需求到底是什么？

4. 我能给他什么帮助，让他既保持自尊又能获得帮助？

因为每次都用这四句话提醒自己，我从一个不太擅长倾听的人，变成了一个善于倾听的人。这几句话并没有多难，却需要我们反复揣摩，不断提醒自己。我们只有用纯洁的灵魂交流，才能打破无效倾听。

其次，关注孩子的情绪而不是对错。

我经常对家长说一句话——相信孩子，他不会故意做错事，但是家长们往往将信将疑。这句话听起来不可思议，可实际上真的是这样。当我们真正了解孩子，认识到孩子的心理，才知道他们的内心有多么澄澈。即使孩子们会做一些我们觉得是错误的事情，可他们的本意往往不是坏的，不是故意的。

最近听朋友讲了一个暖心又痛心的故事。朋友5岁的儿子先偷偷拿了奶奶钱包里的100元钱，然后回到家给他妈妈看，我朋友惊呆了，对儿子说了很多难听的话，比如什么“小偷针，大偷金”“将来会被警察抓进监狱”“奶奶要是报警，现在警察就会来抓你”……

儿子听了之后很害怕，哭了好久都不能平静，一直在小心翼翼地问妈妈：“可不可以不让警察叔叔来抓我，我不想去监狱里面住。”

想象下，一个5岁男孩儿害怕、恐惧、不知所措的样子，多么令人心疼。

孩子的确做错了事，但妈妈从来没有认真听过，儿子偷钱到底是为了什么。其实，这个孩子从奶奶的钱包里面拿钱，是因为总听爸爸妈妈说工作是为了赚钱，他想多给爸爸妈妈一点钱，这样他们就不用那么辛苦了。

孩子的心真的像金子一样宝贵！

5岁的孩子对于对错的判断非常模糊。就算他们知道自己做的事不那么对，还是会去做，什么是后果，他们完全不懂。我们当然应该教育孩子，偷钱是不对的，打人是不对的，告诉他们各种是非曲直的标准，但更重要的是，我们要关注孩子行为背后的动机，关注孩子的情绪。

与其吓唬孩子“让警察来抓你”，不如蹲下来问问孩子，你为什么要这么做，你想用钱去买什么呢。当孩子说出真正目的，我们也应该告诉他：“妈妈很感激你，你真是一个有爱心的孩子。但这种行为不太好，以后不要继续做了，妈妈很爱你。”

当孩子愿意接受家长，知道父母是一直爱自己，关注自己的感情，他们才愿意把心里话跟父母诉说。否则，将来孩子遇到困难也不敢回头，不敢跟父母讲，因为他们知道，做错事之后，从父母那里得到的只有责罚和听一堆大道理。

再次，尊重孩子的选择，即使我们觉得那样不对。

每个人的成长都注定是跌跌撞撞的，孩子长大的过程自然也不例外。我们当然希望倾尽全力，给孩子铺设最平坦的道路，让孩子少走弯路，尽可能生活得容易些。但是，不经历那些挫折，谁也体会不到幸福的甘甜。

想让孩子不犯错，不做错误的选择是根本不可能的。我们要学会与自己的内心抗争，接纳孩子成长中会经历的坎坷和错误的选择。

我们可能知道孩子的一些选择不对，但应该在表达我们的想法后，把选择权交给孩子。

电影《完美陌生人》（*Perfetti Sconosciuti*）中，17 岁女孩儿索菲亚赴男友的约会，这次约会不同寻常。因为男友希望她能一起过夜，甚至可能发生性关系，而此时的索菲娅还是一个处女。于是，她拨通爸爸的电话，希望爸爸能给她一些建议。

对于这样的事，我想大多数家长都会异常挣扎并且坚决反对，甚至有些家长会说出偏激又难听的话。而这位父亲的表现却完全不同。

索菲亚说："我不知道要怎么开口，格雷戈里奥的父母不在家，然后他叫我……去他家过夜……"

"嗯，然后你说什么？"

"我不知道，但我想去……可我没想到是今晚。如果我不去的话，他可能会不高兴。我该怎么做？"

父亲整个过程都很温和，没说一句指责的话。他说："不要怕他不高兴就去他家，这不该是唯一的理由，而且你别指望我支持你去。我要说的是，这是你人生中的重要时刻，是你会铭记一生的事情，不仅是你明天和朋友的谈资。如果你以后想起，无论何时回想起来，这件事都能让你嘴角上扬的话，那你就去做吧！但如果你并不这么认为，或者不太确定，那就忘掉吧！因为你还有大把的时间。"

这位爸爸非常棒，他态度温和坚定，客观表达自己的想法，不贬低也不迎合。他把自己和女儿都当成了独立的个体，说出自己的想法，然后让女儿自己去选择。

这也是索菲亚到了 17 岁，还愿意把心事跟父亲说的原因——她知道爸爸是温和的、尊重她的。她却不会跟妈妈打电话说这些，因为她知道从妈妈那儿得到的只会是指责和谩骂。

孩子的世界真的非常小，他们渴望的也不过是那一点点的尊重与信任。我们尊重孩子的选择，表达自己的意见，这本就是在维护孩子的自尊。

最后一点是，不过多苛责，给孩子成长空间。

孩子的成长路途真的太脆弱，他们会遇到各种问题。如果孩子做了一些“错事”，或者说是我们认为不恰当的事，一定不要过分苛责、喋喋不休，那会破坏亲子沟通的渠道。

自从我上小学开始，父母就对我交朋友这件事异常敏感。尤其是和男同学打电话、送礼物，或者有任何非集体性的关联，他们都会喋喋不休。

“那个人学习好不好？”

“你跟他是什么关系？”

“你们为什么经常在一起？”

“早恋”两个字就要呼之欲出了，最后让彼此都觉得失望，不欢而散。所以我很少跟他们说学校的事，因为他们总是以过来人的身份，告诉我什么是对的，什么是错的。事情严重的时候，还会非常严厉地责备我，说出一些刺耳的话。

当他们在说这些的时候，我脑子里在想什么？

我觉得在父母眼里，我非常不堪，他们对我连最基本的信任都没有。

孩子对家长的爱是非常尊敬的。孩子要是知道父母信任他，就不会辜负父母的信任；相反，如果孩子没有得到过父母的信任，他们就会不在意自己行为的底线。没有人在意自己，那是多么凄凉的事情。

家长的某些行为会阻碍孩子倾诉的通道，让孩子的情感越来越萎缩，家长也变成了糟糕的倾听者。我们要记住反面教材，让自己成为正面典型。

倾听是最常见的事，也是很不容易的事。我们和孩子交流、倾听孩子的过程，也是在向他们表达尊重与信任。

多一点耐心，多一些有效倾听，让孩子愿意跟我们倾诉。

允许孩子哭比哄孩子笑更重要

孩子哭这件事

孩子哭闹是生活中最常见的画面。面对孩子哭，不同的家长有不同的反应。

一般的家长会说：

“你都已经是大宝宝了，不能哭鼻子了。”

“你是男子汉，怎么可以哭呢？”

暴躁一点的家长会说：

“哭有什么用，再哭我就揍你！”

“不要哭了，再哭妈妈不要你了。”

当然，也有温柔一些的家长：

“好了宝宝，我们不哭了好不好？”

“不哭了妈妈给你买好吃的哦。”

哭闹是孩子生活中最常见的行为，也是最令家长焦虑的。

不管是哄一哄还是严厉压制，都折射出一个现象，就是很多父母认为孩子哭是件不太好的事情，应该制止。

尤其在公共场合或有亲友旁观的时候，孩子哭闹会给家长带来尴尬和窘迫。

在我国几千年流传下来的传统文化里，男生要做温润如玉的翩翩君子，女生要做端庄大方的优雅淑女。男儿流血不流泪，女儿哭哭啼啼是软弱。

孩子哭这件事，我们整个大环境就是不太接纳的。分散到每个小家庭身上，孩子哭闹的时候，我们第一反应当然是制止他们，让他们安静下来。

我们不妨观察一下孩子，看看他们哭的时候究竟在想什么；也观察一下家长，他们拼命制止到底是怕什么。

孩子哭只是情绪的表达

我家女儿今年 3 岁，性格有些内向，而且有点怕生。

每到过年，去亲戚家或有亲戚来的时候，我都非常紧张，尤其是有亲戚喜欢孩子，想要抱抱她的时候。

经常还没有等她反应过来，就被抱了起来。等她反应过来，发现自己在一个陌生爷爷的怀抱中，瞬间就能号啕大哭。

从亲戚抱起孩子到孩子哭，只需要几秒钟，这几秒钟，我的心总是揪成一团，心里默默祈祷“别哭别哭”。

后来我又仔细回想，女儿哭的时候，我在干什么？

我一边安抚女儿，一边跟亲戚解释，这孩子就是怕生，平时咱们见得少，孩子还以为您是陌生人呢。

每当有“好心”的亲戚教育我，告诉我应该怎么锻炼孩子，怎么让她不怕生，我的内心其实是羞愧的。

没错，孩子哭的时候，家长经常会觉得羞愧，仿佛自己没有尽到养育者的职责。

我们怕孩子哭，是因为怕别人觉得自己没有尽职养育孩子；我们怕孩子哭，是因为自己内心的无力感隐隐作祟。

德国心理学家卡萝拉·舒斯特（Brink.C.S.）认为，孩子哭的时候，最先需要处理的是家长的情绪。

的确如此，孩子哭也许只是一种表达方式。这件事本没有错，只是我们内心不能接受而已。

其次，我们不喜欢孩子哭，还因为在成年人的生存法则里，哭是一件没有用的事。

我们不允许孩子哭，是因为哭不能解决问题。

想要玩具，哭也不能买；摔倒了，哭也还是会疼。

可是，哭是没有用的，难道笑就有用了？没有任何理由用“有用没用”去衡量一种情绪。

当我们跟孩子说出“哭没有用”的时候，本质上是在否定孩子的情绪，也是不接纳自己的情绪。

我们可能在成长中被告知，哭不能解决问题，自己的哭声被压制，所以我们也不能接受孩子爱哭。

实际上，哭和笑一样，都是人最正常的情绪，没有对与错之分。

关注孩子哭闹背后的真实需求

情绪就像一个人的皮囊，我们总以为皮囊就是这个人，可实际上灵魂与动机才更值得我们关注。

当我们看到孩子哭的时候，不要关注哭本身，而要去关注孩子哭闹背后的真实需求。

那么，为什么孩子这么爱哭，一言不合就要哭鼻子呢？

换个角度思考，动物幼崽还没有独立行为能力，不能用语言或动作表达需求时，它们遇到危险该怎么办呢？

它们会通过大声哭叫来通知同伴，尽可能获得帮助。

孩子在生命早期无法说话和行走。他们饿了、渴了、累了、无聊了或尿布湿了，就会发出求助信号，寻求妈妈的帮助和爱护。

再大一点，他们摔倒了还是会哭，这并不代表不坚强，而是一种自我保护机制——他们希望妈妈能来帮忙排除危险。

身体上有伤痛时，孩子会哭；心里难过委屈时，他们会下意识地用哭来发出信号，表达不愉快。

从某种意义上说，孩子在家长面前喜欢哭是给予信任的表现，也是在等待我们表达爱意。

成年人只会在亲密的人面前哭，把自己的脆弱展现给对方，希望对方能给我们温暖。

孩子也是一样的，他们展现给我们最真实、最感性的一面。如果我们压制打击，那就相当于拒绝跟孩子表达爱，拒绝支持孩子。

每个人都是一座冰山，露在表面的只有十分之一，也就是我们看到的表象。

在冰山的水平面下方，孩子真正的需求和感受，才是我们应该重视的。

面对哭闹的孩子，家长怎么办

允许并接纳孩子哭，其实也是对孩子的情感接纳。

微博上曾经曝出过一个长达 4 分钟的深圳虐童视频——一个女孩儿在写作业，却被父母轮番殴打。

扇耳光，用笤帚肆意抽打，拽着头发摔到地上……

更令人心疼的是，这个小女孩儿一点都没有哭，而是淡定地整理好头发，继续写作业。

试想一下，如果一个孩子已经麻木到连哭的能力都没有了，那她的内心该是多么压抑，多么千疮百孔。

孩子想哭就哭，想笑就笑，这是一种纯真，也是一种幸福。

不允许孩子哭，那么他们的情绪和负能量就会积蓄在心底，形成性格深处的自卑、回避和不懂得爱自己。

我承认，孩子哭闹对家长的耐心和情绪都是考验。孩子 2 岁以前，生理原因的哭闹多一些，随着他们长大，会因为各种事在各种场合哭闹，那我们该怎么办呢？

首先，我们要调节自己的情绪，不要嫌孩子丢人。

虽然“调节情绪”只有四个字，可做起来却并不简单。有一个很简单的小方法，就是回想自己成长中最委屈且被忽视的时刻。

想一下，如果我们现在可以和童年的自己见面，会对那个委屈地偷偷抹泪的小孩儿说什么、做什么？

我想我会蹲下来，抱抱她，甚至什么都不说。

既然我们可以这样对待“自己”，也可以这样对待我们的孩子。想想自己曾经的委屈，也就能理解孩子的感受了。

玩具和冰糕对孩子的意义，不亚于心爱的人对成年人的意义。

其次，孩子情绪不稳定时，不提要求，安静等待。

任何人在情绪低落的时候，都渴望他人能看到自己的感受，而不是讲道理。我们可以安静地等待他们把情绪发泄完，做他们的安慰者。

好莱坞明星贾斯汀·巴尔多尼（Justin Baldoni）分享过一张图片——在一家商场里，女儿趴在地上哭。

这个画面，想必各位家长并不陌生。孩子在商场想买一个东西，用坐在地上大哭来威胁家长。有的家长会妥协，有的家长会生气地斥责。

而贾斯汀选择安静地看着女儿，等她哭完。

他说："我们安静地看着这个野性和纯净兼具的可爱灵魂，拼命演出这一幕。她拥有我们无条件的爱，我们愿意为她付出所有。但是，她得面对自己的情绪。我可以想象，我在她这个年纪时也曾经像她现在一样，上演过无数次的哭闹。"

孩子此刻的哭是一种试探，也是对不能如愿以偿的发泄。当他们知道父母的原则，不能买就是不能买，而且爸爸依然爱她，她自然就不哭了。

不妥协，不批评，态度温和，也可以抱抱孩子，让他哭完。

最后，孩子安静下来后，一起商量解决对策。

大一点的孩子，他们哭闹是因为有深层次的诉求。例如，在商场哭闹着要东西，并不是哭完就结束了。

可以让孩子表达自己的想法，这也是在告诉他们，自己是被"看见"的。

同时，我们要跟孩子讲清楚不能买的原因，如果坚持想买，那么可以用自己的零用钱买，或者通过别的方法"赚钱"去买。

对待别的事情也是一样。比如孩子怕生，我们可以告诉他们，如果有不喜欢的人想要抱他，他可以怎么回答；再比如孩子想多看一会儿动画片，我们可以告诉他们，约定的时间到了，大家都要做守信的人。

我们不要把孩子当成一个什么都不懂的小屁孩儿。只要家长和孩子平等沟通，他们真的可以很懂事。

让孩子敢于在我们怀里保持纯真

“不能哭”“小声哭”都是在压抑情绪，象征着人的情感是羞耻的。

其实，世间很多事情并非没有解决良策，只是我们心理上难以接受。能用哭一场排解忧愁，有何不可？

孩子爱哭是潜意识里的自我保护机制，也是人类最真诚的情感流露。

孩子这一生可能会遇到很多哄他们笑的人，但未必有几个真心接纳他们哭的人。

让孩子在我们怀抱里哭吧，让孩子敢于在我们怀里保持纯真。

认识孩子的性格：安静和好动，哪种孩子长大有出息

我在前文讲了不少童年创伤的问题。人的创伤到底是从哪里来的？全部都是由于父母的错误吗？

当然不是。把自己的不如意都归咎于原生家庭，是不成熟的表现。我们在长大的过程中会遇到很多事，有些事并不是我们想要的，更不是父母想要的，很多行为根本就是无意的，却给我们幼小的心灵留下了阴影。

那些负面经历之所以造成创伤，除了与事件本身有关，还与孩子的先天气质、事发时他们的年龄，以及他们对事件的理解方式有关。

对于同一件事情，发生在小明身上，他可能觉得无足轻重，睡一觉就过去了；而发生在小亮身上，他却可能铭记一辈子。

这里，我们还是要谈到接纳。接纳孩子的性格——他就是如此，他已然如此。我们就是要接纳“本身就是这样”的他。

比如有的孩子，吼他们一两句，他们嬉皮笑脸就过去了；有的孩子会跑过来哄妈妈；也有的孩子会偷偷哭泣，觉得自己又做错了。

这与孩子的性格特质有关，因此我们要认识自己孩子的性格。他们的性格可能与我们期待的不同。我们希望有个大大咧咧的孩子，可实际上他却敏感脆弱；我们期待有个安静的孩子，可实际上他就是上天入地，上房揭瓦。

再举一个例子，我们说到“吃葡萄不吐葡萄皮，不吃葡萄倒吐葡萄皮”时，有的孩子会捧腹大笑，有的孩子则一脸严肃，完全感受不到笑点，还会刨根问底地问你为什么不吐葡萄皮。

可能人们都知道“每个孩子不一样”这个道理，却不知道为什么不一样，不一样在哪里。

四种气质类型

人格由两部分组成，一部分是先天的气质，另一部分是后天形成的性格。气质和性格共同构成一个人稳定的人格。大多数人都认可后天经历对人的影响，却很少有人知道人格有先天的成分。

举个很简单的例子，你让林黛玉成为穆桂英，那是打死都不可能的，林黛玉经历多少事情都不会成为穆桂英。同样，让穆桂英成为林黛玉，也是不可能的。

气质类型其实就是我们常说的脾气秉性。有的孩子安静平稳，有的孩子爱哭好动，这就是与生俱来的气质类型。气质类型是人的天性，没有好坏之分，也不能决定一个孩子将来会成为什么样的人。

心理学把人的气质分为四种典型类型——多血质、胆汁质、黏液质和抑郁质。我将一个个地展开讲述，家长可以看看自己的孩子到底属于哪一类型。

多血质：我的热情就像一把火

生活中有很多“自来熟”的小孩儿，仿佛见到谁都能成为好朋友，跟不熟悉的人也能热情似火，代表人物是王熙凤。这类孩子人际交往能力很强，渴望表现，好奇心旺盛，探索的欲望也很强烈。遇到事情不哭鼻子，在他们眼里没什么事是大事。

是不是觉得这类孩子将来在社会上会如鱼得水？毕竟人际交往能力强，人缘应该会很好吧。

请记住这句话，气质是人的天性，没有好坏之分。

多血质的孩子也有一定的问题。过于热情可能会失去分寸感，给人不懂礼貌、缺少教养的感觉。他们的热情来得快，去得也快，做事经常三分钟热度。

胆汁质：俺老孙要大闹天宫啦

胆汁质又称兴奋型，就是那种“充电五分钟，通话两小时”的孩子。他们好像不知道什么是累，他们的情绪很容易高涨，却不容易跌落。在学校往往表现得勇敢主动，什么事情都能报以巨大的热情。用东北话说就是很“虎”，代表人物是孙悟空。

虽然这样的孩子处事热情，可也缺乏自我控制能力，热情就像洪水，发出去容易收回来难，同时脾气很大，容易暴躁。

黏液质：嘘，别着急

黏液质就是安静型的代表。这类孩子性格安静内向，踏实稳重，与多血质完全相反。他们在学校能坐得住，从事一件事会很投入、很认真，代表人物是沙和尚。

说到这里，一定又有家长两眼放光了——我家孩子就是坐不住，这种气质类型多好啊！

有利必然有弊，这类孩子的主要特质就是慢，喜欢沉浸在自己的世界里，缺乏主见，性格也有些消极。

抑郁质：林妹妹又该不开心了

抑郁质的代表人物是林黛玉。他们胆小孤僻，不善于交际，对感情的体验细腻，自己的心情容易被他人的话语左右。

优点是为人谨慎，思考透彻，情感体验持久而深刻。

四种气质类型各有各的好，也各有各的不足。自己家里种的是麦子，就没有必要羡慕别人家的玉米长得高，不是同一个类型就没有可比性。

而大多数孩子都可能有不止一种气质，但会偏向某一种。因此，我们要根据自家孩子的特征因材施教，没必要拿别人家孩子的优点去攻击自己家孩子的缺点。比如跟一个胆汁质的孩子说，你看人家黏液质的孩子多稳重，不像你屁股上长钉子似的，去哪儿都坐不住。

玉米和麦子没什么可对比的，各有所长罢了。

气质类型，是不是可以稍微“改造”一下

有年夏天，有一次我去超市买桃子，发现一个很简单的现象：15 元钱 1 斤的桃子，卖相好口味甘甜；5 元钱 1 斤的桃子，卖相不好口味也一般。

如果我们花 5 元钱可以买到 15 元钱 1 斤的桃子，是不是白日做梦？买 5 元钱那种的桃子，享受低价的同时就要承担不好吃的风险；买 15 元钱的桃子，享受高品质的同时就要承受高价的痛感。

价格与卖相不可兼得。

孩子也是这样，我们不能希望他们善于交际，懂事大方，又要求他们坐住不动，安静细心。

不能接纳孩子性格气质中的正反面，希望改造孩子，是一件非常残忍的事。很多家长总觉得黏液质的孩子过于内向，怕孩子将来不能适应社会，会逼迫孩子变外向。

《安静：内向性格的竞争力》（*Quiet: The Power of Introverts*

in a World That Can't Stop Talking）一书的作者苏珊·凯恩（Susan Cain）也是一个内向的人。有一次她参加学校组织的夏令营，去之前她理解的夏令营就是一大群人在一个有趣的地方，各自看自己喜欢的书。在她看来，那种安静是世间最美好的事情。

可是，她万万没想到，真正的夏令营是大家一起狂欢、跳舞、尽情玩耍。有人看到她不参加派对，而是拿着一本书在看，立刻让她把书压在行李箱最下面，尽情享受夏令营的美好时光。

说实话那几天她过得很煎熬。等她离开夏令营，又可以安静做自己的事情时才获得满足感。

这也是内向的孩子被改造时所经历的痛苦，一个人也可以玩儿得很好，内向并不影响成功。

我们经常看到家长对孩子这样说：

"你不跟别的小朋友玩儿，没朋友怎么办？"

"你要鼓起勇气，多交朋友。"

"不善于交际，不爱开口说话，将来你到社会上怎么立足？"

很多家长逼着孩子去和别人交朋友，逼着孩子在人群中表演节目，逼着孩子跟陌生人迅速建立亲近的关系……殊不知，他们的内心十分煎熬。

黏液质的人并不是有自闭症。他们只是内心的力量更强大，更能从自我身上获得满足感。他们也绝不是没有朋友，不会说话；他们的朋友也许不多，但却都是交心的挚友；他们不会说场面话，可在工作中却能侃侃而谈。

苏珊·凯恩是个很内向的人，但这并不妨碍她成为优秀的律师。周星驰是性格内向的人，但这并不妨碍他成为喜剧演员。

内向又优秀的人太多太多了。我们要发掘孩子身上的闪光点，扬长避短，帮助他们发挥优势，补全不足。

还是那句话，气质类型没有优劣之分，只是不同而已。

不同气质类型，如何“取长补短”

哈佛大学一项长达几十年的跟踪研究指出，那些 2 岁时表现得内向腼腆的孩子，哪怕等他们到了 18 岁，性格还是内向腼腆。

不强行改造，那么我们如何应对孩子性格中的优劣势呢？

王熙凤式的多血质

多血质的孩子善于交际，喜欢表现。这是一种优势，我们应该鼓励孩子大胆创新，给他们表现和展示的机会。在家庭分工上，可以让他们提前参与进来。把多血质的孩子当成家里的“小主人”，有利于培养他们的责任感和成就感。

但是，多血质的孩子也容易受外界影响，被他人的意见左右，所以我们还要鼓励他们勇敢做自己，别人的话只是参考，要相信自己的力量。

多血质的孩子争强好胜，对胜负十分在意，所以我们在挫折教育、胜负之心方面要更加注意。当然，并不是让父母去给孩子制造挫折，故意为难他们，而是教会他们自然而然地面对生活中的问题，以平常心对待挫败。

同时，如果多血质的孩子做错事，“有心机”的应对方法是让他们自己承担责任和后果。把他们当大人，让他们自己去承担，这是对他们“热情”性格的一种肯定。

孙悟空式的胆汁质

胆汁质的孩子活泼好动，性格叛逆，爱搞破坏，有用不完的精力，也很喜欢犟嘴。他们外表坚毅，但内心依然是个小孩子，和善柔软。

可能很多父母觉得这一类孩子有多动症，可实际上他们只是精力旺盛，无处发泄而已。对待这种孩子，我们不能压制他们的“动”，应该让他们动起来。给他们空间，多带他们参加户外活动，把旺盛的精力释放出去。

这类孩子喜欢主导权，不愿意服从。与其让他们大闹天宫，不如封他们一个“弼马温”的职位，让他们在家庭事务中起到一定的领导作用。不要想着把野马驯化成小驴，尽量把他们当成一匹骏马。

“小孙悟空”的脾气说来就来，想要的东西千方百计也要拿到。比如经常在商场里大哭着要东西，这个时候，家长千万不要用严厉的态度呵责。对待孙悟空式的孩子，你越压制，他就越反抗，而且还会学习我们的暴脾气。不如采取“冷静法”对待，允许他们哭完，他们的委屈和不满就像他们的精力一样，释放出去了也就没事了。

同时，胆汁质的孩子在别人看来可能没那么懂礼貌，所以家长要多教孩子礼貌用语。可以设置情景游戏，家长分别扮演有礼貌和没礼貌的人，让孩子体验差别。

沙和尚式的黏液质

黏液质的孩子内向安静，不爱表现，也不爱反抗，做事缺乏勇气，喜欢把心事藏在心里，胆小谨慎。但是他们其实非常有主见，就是我们常说的犟——即使嘴上不反抗，实际还是会按照自己的想法做自己认为正确的事情。

这样的孩子内心其实是敏感的，所以我们要多给予鼓励和陪伴，给足他们安全感。当他们害怕的时候就抱抱他们，告诉他们妈妈就在身边，而不是让他们去练胆。逼孩子练胆只会让本来就敏感的他们更加恐惧。

如果孩子不喜欢交朋友，我们没必要强迫他跟谁家的孩子玩儿，应该多创造环境，带他们去小朋友多的地方玩儿。不强迫他们融入，只是给他们更多遇到其他小朋友的机会而已，能一起玩儿就一起玩儿，不能一起玩儿就自己玩儿。

因为他们胆小敏感，所以往往不敢在课堂上表现自己，也不敢坐在显眼的位置。我们不强求，但可以鼓励孩子勇敢一点，一点点就好。他们在课堂上举手回答问题，会非常享受被老师表扬的感觉。

这类孩子比较慢。他们不一定是磨蹭，只是脑子在慢慢思考，想按照自己的节奏行事。他们虽然不说话，可内心世界却非常丰富，所以没必要催促，静待花开，允许孩子慢慢成长。

他们安静的时候是真的在思考，所以他们的创造力也是很强的。我们可以陪他们多玩一些在安静中发挥创造力的游戏，如拼图、积木类玩具。这对孩子的自信心和思维能力都大有裨益。

总之，我们要接纳黏液质孩子的敏感，呵护脆弱的他们，更要珍视他们安静背后的力量。

林黛玉式的抑郁质

很多人一看到“抑郁”两个字就有一种恐惧感。其实抑郁质的孩子比比皆是，这并不是什么缺点。抑郁质的孩子多愁善感，情感体验深刻，细腻持久，非常在意外界对自己的评价。他们不擅交际，甚至会有些孤僻；他们绝不会做调皮捣蛋的事情，自制力很强，做事踏实稳重，想象力非常丰富。

如果家里有这样的孩子，我们首先要做的就是让家庭氛围欢快一点。他们虽然多愁善感，但身处在家庭这种安全的地方还是很放松的。见多了轻松的环境，他们的情绪也会跟着放松下来。

其次，家长还应该注意的就是不要给孩子贴标签。抑郁质的孩子更在意别人的评价。可能家长不经意说了一句“这孩子太孤僻了”，孩子就会放在心上，黯然神伤。

和黏液质的孩子很像，抑郁质的孩子同样需要多多鼓励，发掘他们身上的闪光点。如果说对多血质的孩子要赏罚分明的话，那么对抑郁质的孩子就要多鼓励。他们往往很乖，没必要惩罚他们，多多鼓励，发掘孩子难能可贵的想象力。这类孩子长大后更可能成为文学家、艺术家、哲学家，或者从事音乐、钢琴、舞蹈、绘画等创造性的工作。

以上我分析了四种性格类型的孩子，也指出了他们各自的优缺点。真的没有优劣之分，各有各的好，各有各的不足。

无论如何，不要试图改造一个孩子，在他们性格特质的基础上，给予好的教育，好好爱惜。

说到这里，我还是想再次谈起这个平淡无奇的词语——接纳。

这两个字写起来很容易，读起来很容易，做起来却非常不容易。它是父母的一种心态，也是一种坦然。

我用一个例子给大家简单解释一下接纳。

我见过一对夫妻，妻子是再婚。女儿3岁的时候，她与前夫离婚。她的现任丈夫很好，对她和孩子都很好。但是这个孩子却有一个问题，就是非常难以接受分离这件事，哪怕是不太熟的朋友来他们家做客，走的时候孩子也会非常伤心。

除了孩子的性格特质外，这个事情还有一个原因就是这位妈妈和前夫生活的时候，从怀孕到孩子3岁，夫妻一直在吵架，而且总是把离婚挂在嘴上。他们各自有工作，只能请保姆带孩子。3年换了6个保姆，所以她的养育者很复杂。小小的孩子却能感知到父母的情绪，所以在潜意识里种下了害怕分离的种子。

那么这时，父母应该怎么做?

最好的做法就是接纳。她已经是这样一个孩子，有自身的问题，那么我们就正视问题，根据她现在的情况给予帮助。比如，在客人来之前就跟她说好，分离的时候请客人跟她有一个分离仪式。

这些做法虽然无法消除分离恐惧，但是能缓解不安和沮丧。

这就是接纳，接纳自己孩子的问题，接纳他的优点和缺点。我们当然希望有一个完美的孩子，可是世界上不可能有这样的孩子。每个人都是鲜活的，都是有棱有角的。

做好接纳，做到因势利导，尊重孩子的性格，就是父母最宽容又最朴实的爱。

认可孩子的成长：他一定会是个好孩子

不要让焦虑与比较支配你与孩子的人生

如果用一个字来形容当代新手爸妈的话，那我一定会选“急”。真的是太急太急了。不仅要跟自己比，还要跟其他孩子比。有一点点“落伍”就开始百爪挠心，求医问药生怕自己孩子有一点点不对劲。

在各个母婴群几乎都能看到这样的焦虑发问：

“我家宝宝 9 个月还不会爬，正常吗？”

“我儿子是不是听力有问题？怎么叫他都不答应呢。”

“我女儿不爱看书，这可怎么办？将来不会是学渣吧！”

“听说有的孩子一周岁牙齿就长全了，我们家的才有 6 颗……”

“3 岁了，是不是该学英语了，能不能发展双母语？”

“真羡慕你们家孩子这么小就会说话，我们家的只能说两个字。”

是不是很常见？字里行间都透露出家长的焦虑。其实，不要太相信经验主义，暂时慢一点没关系，只要在正常范围内就可以。

等孩子长大后，家长的焦点不再限于喂养问题，开始更多地关注孩子的成绩、兴趣等方面。焦虑与攀比依然无时无刻存在着。

谁家孩子有特长，谁家孩子成绩好，谁家孩子乖乖上课，谁家孩子调皮捣蛋……

也许因为我们本身就是被比较着长大的，所以成为父母后不经意间又来比较下一代。抑或是我们潜意识里在和孩子分享自己的童年经历，让亲近的人体会一遍我们走过的痛苦。

我告诉过很多父母，别着急，孩子会变好的，一切都会变好的。

可是，家长往往焦虑得像热锅上的蚂蚁，心里想着一步错步步错，好像孩子走错一步就会陷入万丈深渊，余生便没有了变好的可能。

人的一辈子很长很长，根本不是一两次的短跑、长跑，甚至不是超长的马拉松，而是一次看不到尽头、有很多岔路的旅行。走进一个岔路，那又能如何？他们还有无数回到正途的机会，他们走走岔路未必是什么坏事。更何况，谁又能保证自己给孩子指出的路，一定是正路呢！

我记得上大学时很流行学英语和计算机，因为那是新兴事物。可是到了现在，这两样成了人手必备的工具。

社会发展日新月异，不要总觉得自己以为的就是正确的。未来的社会属于孩子们。请相信孩子，信任孩子，接纳孩子。

“相信”“信任”“接纳”，我们从小就认识这六个字，这六个字看起来假大空。可没有几个人能真正践行出来。

真正的信任，不是嘴上说句“你真棒”“妈妈信任你”，而是发自内心地接纳，认可孩子一定是个好孩子。哪怕慢一些，哪怕某些方面不如别人，哪怕会走一些弯路，哪怕在成长路上有些坎坷，但他最终一定会很棒，会成为一个好孩子。这是父母应该给予孩子的信任。

拥抱“慢慢来”的美好

女儿两岁半的时候，有一次我和朋友一起吃饭，我朋友带着儿子并且给他带了一本拼图册。看着她儿子熟练地拼完一块 6×6 的拼图，我心里有点佩服也有点嫉妒。

有人问她，孩子在家经常拼才这么熟练吗？她说不是经常拼，偶尔拿出来玩儿玩儿。

偶尔！

当天回到家，我就跟丈夫说起这件事。我说，你看看人家的孩子，咱们家都没给兜兜买过拼图！拼图锻炼孩子的动手能力、思维能力，我之前怎么没想到呢！

谁知道丈夫漫不经心地说：“别人家孩子会又如何，跟咱们有什么关系啊。”当时我觉得他真是太“淡定”了，还埋怨他拖后腿。

后来，我给兜兜买了同样的拼图，从最简单的 2×3 开始教她。“先拼角，再拼边，最后填中间”。可是不管我怎么说，她都不能理解什么叫角什么叫边，她觉得每个拼图都有角，都有边啊。

为此我还吼过她一次，想着别人家同龄的孩子都能熟练拼 6×6 了，她连什么是角什么是边都分不清。

哎，我的孩子真的比别人笨吗？

那个时候，我非常沮丧。可能因为自己生性要强，所以不想承认自己的孩子比别人差。我怕我的女儿比别人笨，我怕我的女儿不如别人。

到了晚上睡觉的时候，丈夫又来安慰我：“不会就不会呗，拼图不行还有别的行呢。兜兜才两岁半，这个年纪的孩子差几个月大，生长发育就差很多，你急什么？”

听了他的话，我没有那么焦虑了，但内心还是觉得不踏实，总是想找出蛛丝马迹，证明兜兜是个聪明孩子。

没想到过了一个多星期，我突然发现兜兜竟然能慢慢地拼 6×6 的拼图了！虽然还是不懂什么叫边什么叫角，可是却知道去找拼片之间的联系，拿着一片到处比画，对比拼在哪里是对的。

我惊喜地跟丈夫说：“你看，兜兜会拼这么复杂的了。”

丈夫又淡定地说：“我当然知道，我亲自教的。她这么小，不懂什么是边和角，反而对颜色和小动物敏感。你告诉她，有一样颜色的拼片要挨着，小动物的身子要完整，她慢慢就会了。”

原来如此，我真的是太着急了。我深深地责问我自己，为什么不能信任孩子呢？为什么不信任她早晚能学会呢？为什么不能信任她即使不会拼图，也是一个优秀的孩子呢？

有了这次教训，我再教兜兜的时候就非常耐心，完全不怕她学不会，也不怕她出错。后来我给她买了立体粘贴画，就是根据样图，把不同颜色的模块粘好，粘贴成样图的样子。有的是一只动物，有的是一个场景，有的是一块蛋糕。

开始的时候，兜兜总是粘错，有的时候歪了，有的时候顺序错了。奶奶心疼东西，就经常纠正她，尽可能把贴画粘得好看些。

我告诉兜兜的奶奶，一张贴画不过一元钱，让她自己粘吧，想要粘好必然要经历粘不好的过程。我记得第一次放手让她自己粘，粘的是一个插着很多蜡烛的蛋糕。兜兜的成品那叫一个歪歪扭扭，但是一看就是小孩子亲自粘的。

我接纳她会粘错，接纳她还是个孩子，于是她有了成长和进步的空间。

可能是因为我们彻底放手，给了她巨大的空间，后来兜兜很喜欢玩儿贴画。在粘到30多张的时候，她已经可以粘得非常整齐了，还经常让我帮她看看歪不歪。我说还行还行，很不错了。她却说，是有一点歪，但就一点点，歪一点就歪一点吧。

我也终于明白了龙应台在《蝴蝶结》一文中说的“我愿意等上一辈子的时间，让他从从容容地把这个蝴蝶结扎好，用他5岁的手指。孩子你慢慢来，慢慢来”。

走得快，意味着会错过很多；慢慢来，总会拥抱美好。

他是个好孩子，即使慢一点

不只是孩子，我们也可以想想自己的成长道路。自己好像不知道怎么的就到了今天，也许我们觉得自己拥有的一切都不真实，所以希望孩子的未来能坚实一些。

想想我们以前的同学，当年的第一名现在在干什么，第二名怎么样了，最后十名的同学真的过得不如意吗？

当我们认清了这个真相，就知道每个人在社会上都有立足的地方，未必“学而优则仕”才是好的。

人生前十几年的确很重要，但重要的是孩子的性格和习惯，而不是我们以为的那些功利性的东西。

就拿我自己来说，小学成绩不好，初中高中是中等生，有的时候还位列中等偏下。我不是老师眼中的乖乖女，也没能成为父母的骄傲。

但是现在呢？

我大学上了一所垫底的二本院校，毕业后找到一个稳定的工作，也许不出意外，我的一生也就是个“中等生”了。

转折就发生在我生孩子后。我在经历产后抑郁的时候，告诉自己不能这样下去，必须重新振作起来，活得像个样子。于是，我开始读书写作，学习成长，在另一片天地找到了自我，也取得了成绩。

所以说，一个孩子从原生家庭汲取的最大力量，就是爱的资本与性格养成。只要有这两点品质，不管孩子成绩如何，有没有上过兴趣班，他的人生一定是向上成长的，一定是在不断进取的，即使晚一点。

《奇葩说》第六季冠军得主詹青云在小地方出生，从小就是一个学渣，后来却被北大和香港中文大学同时录取，最后成为哈佛大学毕业的法学博士。

她从小就是一个好学生吗？不是的。上小学的时候，她成绩很差，尤其是数学不好，老师都说她是提不起的豆腐。而妈妈告诉她，我找人给你算命了，你到了初中就会转运，一切都能好起来。

后来，她到了初中成绩还是不行，妈妈又告诉她到了高中就行了。果然，到了高二那年，她的成绩直线上升，从此人生一路顺畅，慢慢成就了现在的她。

她还说过自己的早恋经历。她上初中时有一个恋爱对象，后来老师把他们拆散，她自己也放弃了。那个男孩儿问她为什么，她说因为我还想考贵阳一中。

我们不妨退到她上初中的时候，看看别人眼中的詹青云如何——成绩不好，在贵州一个县城读书，还早恋。这不成了家长的心头之难了吗？

但是谁能想到，就是这样一个“不怎么样”的孩子，竟然变得如此优异！

詹青云的蜕变与其背后家庭的力量分不开，妈妈始终相信自己的孩子会出色的，这是一种无条件的信任。

心理学上有一个著名的罗森塔尔实验，说的是罗森塔尔（Rosenthal）

等人到一所学校进行实验，从一到六年级各选择 3 个班，并且偷偷给老师一份名单，告诉老师这几个孩子智商高。8 个月后，这些孩子的成绩显著提升，老师给他们品行的评价也是优良。

这个实验说明，你越信任一个孩子，越能给他积极的心理暗示，孩子越能感受到你的鼓励，他们会给自己同样的暗示，并且真的朝着好的方向发展。

这就是我们信任孩子的力量，真正的信任并不是等孩子做好了之后再去信任他们，而是不管他们当下做得好不好，我们都信任自己的孩子。

告诉自己，他是个好孩子，即使慢一点。

即使不完美，他也可以幸福

有一位家长曾给我留言，看完之后我感慨良多。她说，妙黛老师，我也想信任我的孩子，可是我真的害怕啊，我 38 岁才生下他，我怕我老的速度超过他成长的速度。

因为内心不踏实，因为想给孩子一个可预见的更好一些的未来，所以她不敢放松，不敢懈怠。这是为人父母的心，生怕自己不在了之后，孩子会活得艰难；生怕自己没有了能力之后，孩子需要我们的帮助。

但是，我们连自己的人生都未必能掌控，更何况掌控孩子的人生。

所以，我们不妨再告诉自己一句话——即使不完美，他也可以幸福。

做人不需要什么事都追求完美，刚刚好就够了。孩子自己的路，还是要自己走。给他们一点信任，让他们带着我们无条件的信任，走上人生的征途。

“晚一年上学是给男孩儿的最好礼物？”“我反对！”

孩子优秀与否可以用年龄划分吗

家有男宝宝的父母都有一个困扰，就是儿子什么都慢！本以为男孩儿比女孩儿聪明，看起来上蹿下跳、上天入地无所不能，却发现男孩儿比女孩儿笨太多。说话慢，走路慢，情感慢……各方面都慢。

在龟兔赛跑中，男孩儿的定位很明显。

于是网上很流行一种论断——让孩子晚一年上学，是给他的最好礼物。

我有一位朋友，非常热衷网上的各种治愈文。偶然的机会，她看到有一篇说孩子发育慢，可以让孩子晚一年上学。这样的话，孩子比班里的同学都大一岁，个子高没人敢欺负，而且懂事，得老师器重，绝对能取得压倒性优势。

她对照着想了想自家儿子——身材小、胆子小、力气小，专注力差，执行力差……

没错！

解决这些问题的秘诀，就是晚一年上学，让孩子再长大点儿，还能多享受一年童年。

于是从 6 月起她就动用了所有的人脉关系，帮孩子办了一个假病历，拖延了上学的时间。

小学开学两个月间，她的儿子“厮混”在幼儿园反而显得格格不入。亲友的各种话语会传到儿子耳朵里。

他总是问妈妈，为什么我不能上学？我是不是真的笨？

因为这种事而产生自我怀疑的孩子，到底是得到的多，还是失去的多，我们不得而知。

的确，孩子早期的每个月都很珍贵，孩子差几个月，在各项指标上就会有很大差异。

大一点的孩子不仅不容易被欺负，而且在理解知识方面比同龄人成熟、有深度，在学习成绩方面会有一些优势，可这样的优势并不会伴随一辈子。

如果孩子优秀与否可以用年龄划分，那世界岂不是泾渭分明了。

每个孩子的发育程度不同，每个家庭的状况也不同，不管是早一年超前教育，还是晚一年入学，都未必是好事。

很多问题的影响不在于问题本身，而是它们带来的其他问题，背后隐藏着的蝴蝶效应。

德国制造的孩子

我那位坚持让孩子晚一年上学的朋友，她的理由是什么？

是德国入学年龄的数据。

据统计，德国小学的平均入学年龄是 6.8 岁，远远大于世界平均水平。

但事实上，德国孩子的优异是因为入学年龄晚吗？

朱春光导演的纪录片《德国制造的孩子》或许能给我们答案。

在德国的家庭中，带孩子的人是爸爸和妈妈，不会是爷爷和奶奶。

他们教孩子的不是识字背诗，而是规则意识，以及培养创造力和动手能力。

在幼儿园里，老师愿意用一个月的时间，帮助孩子了解不同国家的文化。然后给每个孩子纸盒、彩笔、剪刀、石膏、颜料，跟他们一起亲手制作一个自由女神像的模型。

不用家长代劳，不要求成品有多么完美，只要求孩子亲自动手创造，体验每一个过程环节。

他们最后的成品，形状千奇百怪，根本看不出自由女神像的模样。

但是这样的作品，令每一个孩子、每一个家长骄傲。

不只是学校教育，在德国、英国等发达国家，甚至允许孩子在家接受教育，只要妈妈有自己的教育理念，愿意为孩子付出耐心和时间。妈妈在家里教孩子自学方法，教孩子规则，这样也能更好地发现孩子的特长。

我想，这才是“德国制造”的答案——充分自由、完全自主的动手能力，以及不容置疑的规则意识。

这些不是晚上学带来的，而是良好的早期教育带来的。

但是同样的方式，未必能照抄照搬到我国的社会环境中。

孩子成长过程中，最重要的是各种能力的培养，以及由高质量陪伴建立起的安全感。

不是成绩，不是上学时间的早晚。

我国的教育环境，重视听、说、读、写、背，这本身就是女孩儿的优势，男孩儿慢一些是正常的。

孩子缺失的东西，不应去学校寻找，而是应在家庭中补充。

家庭的养育方式，能决定孩子走多远

意识到孩子各方面发育缓慢，这是好事，表明家长开始关注孩子的成长步伐。

晚一年上学或许有它的优势，但我们大多数家长都是普通人，不是教育专家。

而在这一年中，我们如何应对亲友的非议，如何应对孩子的质疑，又如何给孩子相应的在家教育？

如果我们无法回答这些问题，就不要盲目跟风。

电视剧《虎妈猫爸》中，赵薇饰演的毕胜男为了让女儿茜茜上重点小学，卖掉了自己的房子，搬进了学区房。

但是，学区房需要落户两年才能入学，权衡之下，毕胜男决定让茜茜晚一年上学。

入学年龄比同学们大一岁，真的能让孩子有压倒性的优势吗？

并没有。

相反，由于毕胜男把自己的教育焦虑转嫁给了孩子，不允许孩子看电视，用各种手段逼迫孩子学习——“填鸭式”地教育孩子，逼迫孩子背单词，搞题海战术。

因为她知道，自己付出了太多的代价，卖掉了大房子，力排众议让孩子晚上学。孩子，必须对得起家庭的付出。

但是一个孩子，她能承担多少压力呢？

电视剧的最后，茜茜被逼成了抑郁症，毕胜男终于意识到自己的问题。

可现实生活中，哪有这么多的大彻大悟！

孩子真正的问题，不在于早上一年学，还是晚上一年学。家庭的养育方式，能决定孩子走多远。

重要的不是年龄大小，而是个体差异

即使孩子一年级、二年级、三年级的时候很慢，也并不能代表他们四年级、五年级、六年级、初中、高中、大学，乃至一生都很慢。

想想我们上学的时候，小学成绩好的长大未必优异，小学成绩一般的长大也未必不行。

人生百年，孩子在某一年，甚至某几年稍稍落后一些，真的没有那么可怕。

有人说，晚上一年学是故意输在起跑线，为的就是在新的起跑线比别人强。

也有人说，早上学才是赢在起跑线。这样孩子还有机会复读一年，有机会提前步入社会。

每年开学季前夕，都有无数家长想尽办法让孩子早上学，有的提前剖宫产，还有的改了户口簿上的出生日期……

不管是故意输在起跑线，还是让孩子赢在起跑线，本质上都是一样的，都是为了赢。

人生海海，输赢又是谁说了算呢？

不只男孩儿发育缓慢，女孩儿也有比同龄人慢的，但这都不是晚上学的理由。

注意力不集中也好，没有好的学习习惯也罢，这些都可以通过训练来解决。

如果孩子真的比班里同龄人大，也会面临各种各样的问题。

最重要的不是年龄的大小，而是孩子的个体差异。

学校是个统一教育的地方，家庭才是因材施教、发现孩子问题，并一起解决的地方。

一个从业20年的小学老师告诉我：

带一年级的学生是最头疼的。学生素质良莠不齐，有的孩子心智成熟早，很懂事，有的孩子调皮捣蛋，把小学当幼儿园。但是这些差异，到了三年级几乎都不存在了。

那些懂礼貌、有好的生活习惯的孩子，即使刚开始散漫一点，后面都能追上来。

顺其自然，不再如履薄冰

习惯与性格，才是孩子一生的万丈高楼。

早一年或晚一年上学，不是问题的根本。

更重要的是，按照我国义务教育相关法律规定，家长有义务将适龄子女及时送到学校学习。

义务教育不仅仅是权利，还是我们的义务。

我们是第一次做父母，恐怕没有路可以从头再来。

正因为如此，我们如履薄冰，生怕一步走错，输掉孩子的一生。

人到中年的我们应该已经发现，人生到了后半场，靠的只有自己的一身本事。

坚毅的品质和良好的习惯，就是自己的本事。

只要孩子能听懂指令，执行老师的命令，就可以去上学。

顺其自然，或许是我们能够给孩子最好的爱。

大一点，小一点，我们都能接纳，都要相信他们。

给孩子一点信任，也给自己一点信任吧。

相信你的孩子，他终将是个好孩子，不管将来做什么，不管多晚。

这样爱女儿，别让她一生情路坎坷

我曾经收到过一位读者的求助信，35 岁的她马上要结第 4 次婚了。在朋友和亲人眼里，她已经不是什么好女人了，可是她却深知，自己并不是什么坏人，她也从来没有做出过背叛婚姻、背叛感情的事情。她也曾付出真心，可最后爱人都离她而去，有的甚至打她骂她，对她说出极尽厌恶的话。

我问她，对方说厌恶你的时候，你的内心是怎么想的？

她沉默了好一会儿，说："我觉得他们说的对，我就是这么令人讨厌。我现在回想起来，竟然有点轻松的感觉。终于，又有人这么讨厌我了"。

这位读者从小缺少父爱，妈妈也是一个冷漠的人，在感情方面，她很容易一头热，认为别人对她的好都是爱。

她的每一段婚姻几乎都是重复的——一开始拼命付出，让对方感受到她的炽热，然后又拼命索取，要知道对方的一举一动，一天问很多次“你还爱不爱我”。结果也都一样——前夫们嫌她烦，嫌她没事找事，或者出轨，或者家暴，或者相看两相厌而分手。

这位读者的行径确实令人生厌。一个成年伴侣每天像个孩子一样被绑架，谁能轻松快乐呢？

可是换个角度想，她也是个可怜人。没有被爱过，又非常渴望被爱；没有安全感，又想从伴侣身上得到安全感。她一生的坎坷情路，原生家庭早就给她写好了剧本。

养女孩儿和养男孩儿不同，女孩儿天生性格敏感细腻，注重感情生活，如果在情感中没有安全感，危害可想而知。

我也是有女儿的人，每当看到她天真烂漫的样子，心头也会一紧——如果可以，我当然愿意用自己的力量，护她一生周全。

但是我知道，那不可能。

她必然要有自己的感情，有自己的家庭，有自己的生活。想到那些在感情、婚姻中受伤的女孩儿，我很担心那些伤痛也发生在自己的女儿身上。

而我也知道，女孩儿对感情的认知几乎都来自原生家庭。女儿要用爱来养。当女儿有爱、有安全感的时候，她就不会出什么大的状况。

从小缺爱的女孩儿，长大后到底有多可怜？电影《被嫌弃的松子的一生》就讲述了一个女孩儿的悲剧。由于妹妹体弱多病，父亲几乎把所有的爱都给了妹妹。

圣诞节爸爸回家的时候，把公文包扔给松子，却抱着礼物冲到妹妹的房间。松子跟妹妹说自己恋爱的事情，父亲也要呵斥她，你知道妹妹不能出门，不可能拥有这样的爱情，你还跟她炫耀！

松子唯一一次感受到父爱，是她做鬼脸把父亲逗笑。从此，她非常爱做鬼脸，只为了让父亲对她笑一下。

这个鬼脸，也象征着她的一生。她只能靠着讨好，去换取一丝丝温暖，不管这种温暖是真心的，还是假意的。

松子做父亲喜欢的工作，做父亲喜欢的一切事，可还是得不到父亲的爱，最终她离开了这个家。

离家后，她的人生并没有一帆风顺，反而是不断重演着前半生。她遇到的男友几乎都会打她。

她与有妇之夫同居，因为她太相信爱。曾经伤害过她的人只说了一句“我爱你”，她就感动得牺牲肉体去做浴室女郎，甚至杀人入狱。

她的一生都在追求爱，只要有人愿意说爱她，愿意和她在一起，她就愿意飞蛾扑火。

有的人心里太苦了，一丝丝的甜都能让她热泪盈眶。心理学上说，女人需要安全感，男人需要认同感。如果这种感觉在童年没有得到满足，那么他们就会用一生去追寻。

从小穷怕了的人，容易被金钱吸引。同样，从小缺爱缺怕了的人，容易被爱吸引。

所以，很多人养女儿都是用钱去富养，怕她将来被男人的一块面包哄走。

其实，女儿更应该用爱去富养，这样她将来才不会被别人一点点的爱骗得遍体鳞伤。

知乎上有一个问题：你见过父母有哪些惊艳到你的教育方式？

有一个点赞量很高的回答说，她上一年级的时候“情窦初开”，说喜欢班长。妈妈没有呵斥她反而告诉她，那不是你们班考第一的男娃娃吗，我闺女眼光不错。他很努力，很优秀哦。

这个女孩儿听了以后就有了无穷的动力，学习劲头很足，想让自己也成为一个优秀的孩子。

三年级的时候，这段“暗恋”无疾而终，因为班上另一个女同学说，她已经和男生“结婚”了。

女孩儿很失望，可妈妈却告诉她，那个女生虽不是最优秀的，但也是会被别人喜欢的。

那一天她明白了一个道理：不是只有第一名才会被喜欢。

这些小事在我们看来，是孩子们成长过程中的小打小闹，孩子之间的过家家。

可妈妈却在不经意间接纳了女儿的心事，并告诉女儿，每个女孩儿都是值得被爱的。

爱女儿，大概就是像这位妈妈这样：

给她安全感，让她知道背后永远有路，爸爸妈妈永远会支持着她，爱着她；让她们内心笃定，拥有足够的自信；让她们知道自己值得拥有更好的。

这将是女孩儿敢于选择自己的爱情，敢于同垃圾感情断舍离的底气。

关于女孩儿，人们常常关心婚事大于关心自我。可实际上，女孩儿的独立远比嫁得好重要。寻常生活中，不放弃希望。生活在烟火中，不忘记成长。

曾经有一部印度电影《嗝嗝老师》(*Hichki*)，剧情很简单，就像《放牛班的春天》一样，讲述一位老师把一个全是"问题学生"的班级带上了正途。

但是这部电影也有一些不同。这位叫奈娜·玛图尔（Naina Mathur）的女教师身患图雷特综合征。这是一种神经疾病，平常看起来和正常人没什么区别，但会不经意地打嗝、抽搐、抖动。

一个有缺陷的老师带着一群问题学生，最终帮助了学生也成全了自己。这个故事之所以令我感动，是因为我看到有天生残缺的女孩儿也能成为优秀的老师；一个女孩儿只要不忘记自我成长，心存希望，一定有改变生活、改变自己的可能。

父母的贴心小棉袄，可能是那个很普通或不那么完美的老师，当然也可能是那些被看不起的问题学生。

也许，女孩儿会面临着现实选择，是实现自我价值，还是遵循社会期待、他人期待。但无论如何，父母要告诉女儿：你是一个独立的个体，有追寻一切的权利，有实现自我价值的权利。

如果你觉得在家里相夫教子、收拾花草会让你有成就感，没关系；

如果你觉得驰骋职场，拿下一个个项目更让你充实，也挺好。

不管怎样，不忘自我，不忘成长，不忘自信，就是给女儿最好的价值教育。

宠爱女儿并不是肆意娇惯，把她们宠成一个无法无天的小公主，也不是给她们很多钱，实现所谓的富养。有人说，要多给女孩儿钱，多让她们见世面，避免将来被坏小子用钱拐跑。

一个品行坚定的女孩儿，是不会为了金钱沦丧的，那些看起来是跟着钱走的女孩儿，实际上内心一定是匮乏的。

养女孩儿，就是要让女儿能刚柔并济，有铠甲也有软肋。风雨彩虹，铿锵玫瑰。

在养育孩子的过程中，爸爸一定不能缺席。女儿从小看到爸爸榜样的力量，见过了爱与被爱的样子，就不会内心贫瘠，因缺爱而沦陷。爸爸还要在女儿心中树立起高大、权威的形象——得到家里权威人物的认可，这样女孩儿就不会去外面寻求认同感。

妈妈也要做个独立的女性，不自怨自艾，不管遇到什么情况，都能乐观应对。都说妈妈现在的样子就是女儿未来的样子，可见妈妈对女儿的映射作用多么重要。如果说男性家长需要为人正直，那女性家长就要乐观爽朗，不拖泥带水，不怨天尤人。让女孩儿看到，婚姻生活并不会把珍珠般的女孩儿磨砺得毫无光泽，一个被爱又自由的女孩儿只会随着年龄的增长，散发出更加迷人的光芒。

爱女儿，就让她在家庭里、在父母身上获得足够的爱，建立自信而独立的自我，让她们在爱情中敢爱敢恨，保持对爱的纯真与执着，有告别垃圾感情的洒脱；面对挫折，有直面惨淡的勇气，也有从头再来的能力；在生活中，敢于撕掉“乖巧”“听话”的标签，做追求自我成长、独立的自己。

就如刘瑜曾在给女儿的信中所说：

> 愿你有好运气，
> 如果没有，愿你在不幸中学会慈悲。
> 愿你被很多人爱，
> 如果没有，愿你在寂寞中学会宽容。
> 大概，这便是爱女儿的最好方式。

第 4 章

流动的爱：和孩子之间的爱，怎么流动起来

看见孩子的爱：只有孩子会无条件爱你

“有些人一旦错过就不再”

有时候想一想，觉得父母真的太不珍惜孩子的爱了。拥有一位珍贵“爱人”的时候不珍惜，等到那份纯洁的爱失去了，又抱怨为什么自己遇不到一个好的“爱人”。恋爱的时候，“爱人”是伴侣，在和孩子相处的时候，“爱人”是孩子。

孩子在小的时候那么依恋父母，不管你打他、骂他、吼他，还是拿他跟别人家孩子对比，他都缠着你，完全不会怪你。可在那个时候，我们不懂珍惜他们。等他们长大后，和我们不再亲近，我们又抱怨，为什么别人家的孩子那么乖，自己家的孩子一无是处，总是惹自己生气。

我们总以为自己生了孩子，就可以一辈子都给孩子做父母，其实和孩子最亲密无间的期限只有那几年，错过了再去挽回已经太晚了。

在爱情中，我们唱到“有些人一旦错过就不再”，在亲情中不也是如此吗？

在他们最需要我们的时候，如果我们缺席了，不珍惜他们的爱，等有一天我们幡然醒悟，就只剩下追悔莫及。

父母总是说，孩子不疼人，不知道疼父母。可实际上，相比于父母疼爱孩子，孩子对父母的爱才是无条件的。

不管我们美、丑、穷、富，不管我们怎么对待他们，他们都那么爱我们，而我们却未必懂得珍惜。

“被偏爱的都有恃无恐”

前不久，有一个同事在半夜给我发微信哭诉，儿子太不像话了，竟然反手打她。我一听，觉得确实不像话，一个 11 岁的孩子，怎么可以动手打妈妈呢？

可我仔细听来，却发现根本不是那么回事。

那天晚上，同事的儿子不好好写作业，还趴在桌子上说自己不舒服。同事很生气，这孩子怎么这么不爱学习，竟然还学会了装病。

母子争执的时候，妈妈一生气就伸手要打儿子。儿子的身高已经快赶上妈妈，11 岁的孩子已不像小时候那样打不还手、骂不还口了，他下意识地伸手挡了一下，根本不是妈妈以为的孩子要打他。

我跟同事说："这么大的小伙子，有人打他的时候他没有挡的意识，那才真该担心。"

没过一会儿，同事又给我发微信："刚才那小子给我端来一杯热牛奶，还小心翼翼地问我是不是还在生气。我没有理他，必须给他教训，让他知道尊重父母。"

就在那一瞬间，我想到那个画面，瞬间鼻子酸了。

孩子真的是世界上最有爱的人，他惹你生气，你可以好几天不理他，可是他却不忍心一小会儿不理你。

"被偏爱的都有恃无恐"，我们只不过是仗着孩子的这份偏爱，才这么"有恃无恐"。

恋爱中，好像总有强势的一方和弱势的一方。强势的一方就是被爱着的人，他们知道自己是被宠爱的，对方怎么都跑不掉，所以才敢放肆任性。而弱势的一方，就是跑不掉的那个人，因为太爱，所以容忍自己被伤害。

可是，恋人的忍耐是有限度的，孩子的忍耐是有期限的。

如果我们不趁他们还爱的时候好好回馈，等到有一天他们长大，就只剩下后悔了。

"当时只道是寻常"

我们和孩子之间的爱，期限是多久？

最多就是到他们青春期以前。现在的孩子都早熟，大概 10 岁以前孩子还是完全属于我们，等他们长大了，有了自己的世界与生活，我们就该放手，该鼓励他们去学会爱自己和爱别人了。

这 10 年间，孩子可以给我们无条件的爱，这世界上，很难有第二个人可以给我们这种爱。

我有一个闺蜜，本来是坚决不要二胎的，可在女儿 10 岁的时候，她突然宣布要备战二胎了。我们都逗她，说“大号”练得不好，开始练“小号”了。

她却很失落地回答：“我越来越怀念被孩子依恋的那种感觉了，她越大越有自己的小主意，甚至会嫌你烦，真想念她小时候，紧紧地抱着你，去哪儿都依恋着你的感觉。”

孩子小时候，我们觉得他们烦，等他们嫌我们烦的时候，才明白“当时只道是寻常”的怅然若失。

可是像闺蜜一样，再生一个孩子，只能弥补自己的失落感，却弥补不了大女儿的失落感。虽然都是自己的孩子，可孩子已经不是那个孩子了。

偶像剧里最常见的桥段就是女主角真心爱上一个男人，对方却不懂珍惜。等女主角被伤害够了，也给男主角上了人生中最重要的一课，男主角学会了爱，却只能去爱别人了。

当我们在一个孩子身上学会了爱与被爱，他们却长大了，再也不能像小时候那样爱我们了。

这一世父母与子女的真相，大概就是如此。

孩子的成长如同白驹过隙，父母与子女的缘分，也不过匆匆几年。

“我走了妈妈就一个人了”

樊登讲过一个故事。一位妈妈总是虐待孩子，拿鞭子抽他，拿烙铁烙他，孩子被发现时已经遍体鳞伤。警察抱着那个孩子说，叔叔带你走，咱们不在这儿了。

可是，那个孩子却说，我不能走，我走了妈妈就一个人了，她会害怕的。孩子说完那句话，在场的警察都哭了。

我们常说的赤子之心，不就是如此吗？

在那个生活里只有父母的年龄，孩子把自己的真心掏出来给父母，哪怕被扔到地上踩碎，哪怕被伤害得浑身是伤，只要父母还愿意爱他们，他们就不会离开。

相比于父母，孩子是真“傻”。

父母喜欢听话的孩子、聪明伶俐的孩子。可对孩子来说，只要你是他的爸爸妈妈，他就“傻乎乎”地爱你。

《当你老了》这首歌唱道：

> 多少人曾爱你青春欢畅的时辰，
> 爱慕你的美丽，
> 假意或真心。

只有一个人还爱你虔诚的灵魂，

爱你苍老的脸上的皱纹。

很庆幸，我们有一个这么爱我们的孩子。可是，孩子有这么庆幸吗？他们遇上什么样的父母，全靠命运。

我们有幸可以陪伴这个小生命，在他人生成长中最重要的这几年，我们一定要彼此珍惜。

没有什么是理所当然的，哪怕是孩子对父母的爱。看到孩子的爱，才能做到不辜负。

“只要有这么一句话，我就能撑下去”

我在电视上看过一个调解关系的节目，来到现场的是一位中年男子和他的妈妈。小时候，他的爸爸妈妈去深圳打工，他成了一名留守儿童，父母有时候一年多也不给他打一个电话。

他小学时成绩很好，靠着自己的好成绩考到了市里最好的中学。班上的同学都是城里的，他们的吃穿用度都是他没有见过的，所以他很自卑，慢慢地开始厌学，甚至辍学。

他跟父母说这件事的时候，父母的第一反应不是安慰他，而是让他签下承诺书，承诺不上学以后不能怪父母，自己承担一切。

主持人问他，你是觉得父母不能给你好的物质条件，所以怪他们吗？

他说："不是的，我只希望那个时候，能有人告诉我，孩子，你除了比他们钱少以外，不比他们少任何东西。只要有这么一句话，我就能撑下去。"

处于人生重大转折期的孩子，在同龄人中卑微到尘土里的孩子，只需要父母一句鼓励的话就够了。

辍学后的他来到父母所在的深圳打工，从打零工做起，几年后自己就做了老板，买了房子车子。就在他买房的那一年，房款需要30万，他手里其实是有这些钱的，但他还是选择跟妈妈要。

因为，他希望通过这种方式跟父母还有点联系。

我看电视的时候就在想，你一个事业有成的中年人，干吗非要求得父母的爱？成年人有很多获取爱的方式，既然求而不得，何必苦苦追求。

可是，孩子就是孩子，永远在渴求父母的爱，即使他们知道前面可能是铜墙铁壁，却还是想去撞一撞。

这对父母爱不爱孩子？我相信他们也是爱的。只不过为生活所迫，加上自身的性格，他们不懂得爱，不能发现孩子的爱，也不会跟孩子表达爱。最终，酿成了这个大家庭，甚至是孩子小家庭一生的苦果。

"我可以在旁边看妈妈"

我们初为父母时还比较年轻，也许我们玩心很重，觉得孩子耽误了我们“自由飞翔”；也许我们不懂得发现，看不到孩子的赤子之心。

我承认父母有其局限性。我自己也会嫌孩子烦，嫌女儿耽误我放松、娱乐。

可是，既然我们已经把他们带到这个世界上，就应该对他们负责。他们需要我们的时间，真的没有几年。

在孩子还懂得爱，还愿意爱我们的时候，珍惜那个小孩儿吧。

有时我工作很忙没有时间陪伴女儿。有一次睡觉的时候，我问她：“妈妈总是忙工作不能陪你，你怪不怪妈妈？”她说：“我可以在旁边看妈妈。”

我们被融化的那些时刻，就是孩子在发光的时刻。

爱一个人就是这么简单，这么虔诚。

孩子有时候是我们的老师，教我们如何为人处世，如何真心待人。我们也应该学习他们，同样真诚又无条件地爱他们。

念着他们的好，别做一个辜负他们的父母。那个小孩儿是世界上最爱我们的人。请记得，不要再伤害他们了。

建立安全感：孩子为什么喜欢亲亲抱抱

安全感是孩子一生的财富

我们在恋爱中经常提到“安全感”三个字。安全感到底是什么呢？它看不见摸不着，却让人一直在追求。我们可能不知道安全感是什么，却一定知道“不安感”是什么——那是一种孤独、不稳定、不确定和不被爱的恐惧感……

这种不安的感觉并不是恋爱中专有的。每个人从出生开始，甚至还在母腹中的时候就在体会不安感，追求安全感。

孩子总是有一些奇怪的举动，我们称之为“不乖”，但这可能是因为他们缺乏安全感。

孩子的安全感主要在 3 岁以前建立，6 岁时就基本定型了。这份安全感是他们一生的财富。同样，幼年缺乏安全感可能使他们一生都去追求安全感。

这也是我不断强调的，再苦再累也要亲自带孩子；否则，等我们有了钱，买了房子，却再也不能给孩子家的感觉了。孩子 6 岁之前跟谁一起生活，一生的归属就在谁那里。

那么，孩子缺乏安全感，有哪些表现呢？

非常黏妈妈，到了四五岁依然如此；

睡觉喜欢抓着一个东西，或者是妈妈的衣服；

脾气非常暴躁，喜欢摔东西；

不能融入集体生活，甚至害怕融入；

两岁之后还喜欢吃手指；

不能适应新环境，在新环境表现得局促不安……

这样看，好像孩子的很多问题都是缺乏安全感造成的。虽然安全感不是一个筐，什么都能往里装，可很多问题的确是缺乏安全感造成的。而父母在教育孩子的过程中偏重养育，缺乏心理关照，会导致孩子虽衣食无忧却内心伤痕累累。

在孩子生命的早期，他们的世界很小很小，大部分生活都是围绕父母和自己的小家庭展开的。父母与孩子之间的依恋关系，是他们安全感的主要来源。

举个很小的例子。我们大人都知道地球很大，有亚洲、欧洲、非洲、美洲等；我们的国家很大，我们的省份也很多，有河北、河南、山东、山西等；各省份还有不同的城市；我们的城市还有十几个县市区。可在孩子眼里呢?

我带女儿回老家的时候对她说，带你回黄骅（老家所在的县市）；回来的时候对她说，咱们回沧州啦（我们生活的市区）。而她却总是说小区的名字——回半岛国际（老家小区的名字），回嘉禾一方（我们生活的小区的名字）。

她的世界就是这么小，有爸爸妈妈的地方就是家，别的地方是什么样的，他们不知道，也不在意。我们可以走遍世界，可以拥有自己的生活、自己的工作和自己的兴趣爱好，心情不好可以出去散散心，找朋友喝喝酒。而孩子呢，他们只有我们。他们对家的理解、对安全感的需求，也来源于我们。

在这个物质丰盈的年代，养育问题真的没有那么难。很多家长执着于孩子吃饭穿衣的问题，因为只有这些问题是“看得到”的，那些“看不到”的问题才是孩子成长的关键。

童年时代的依恋模式

其实，我经常在想一个问题：我不是一个好妈妈，有时候挺糟糕的——经常忙于工作和写作，陪伴女儿的时间并不多——我有什么好的，让那个小宝宝这么依恋我?

孩子说“妈妈我爱你”，你问他“你为什么爱妈妈”，他会告诉你“因为你是我的妈妈”，没有别的原因，只因为你是妈妈。不管你打他还是骂他，他都会哭着让你抱抱，只因为你是妈妈。

正因为如此炽热又真诚的爱，孩子与妈妈、与家庭之间的关联，是他们安全感的最大来源。

心理学家埃里克森指出，安全感不是天生的，而是在孩子幼年时期建立的，特别是在 3 岁以前。孩子在与妈妈的情感互动中，会根据妈妈的回应程度形成一种依恋。孩子与妈妈的依恋关系分为三种。不同的依恋类型使孩子对事物有不同的反应。

安全型依恋

孩子跟妈妈在一起时，能安静地玩儿玩具，只要他们在视线范围内能看到妈妈，能跟妈妈微笑示意、亲密互动时就可以很平静。妈妈离开后，他们会表现得有些苦恼不安，妈妈回来后，他们会立即去寻求安慰，很快就又能安静地玩耍了。

这种类型的孩子是安全感很足的孩子。在平时的养育中，妈妈对他们的回应很积极，也很及时。他们知道自己是被爱的，妈妈会一直在身边，即使短暂离开也会很快回来。

矛盾型依恋

这类孩子在母亲离开前就表现得十分焦虑。妈妈离开后，他们会表现得更加激烈，大哭大闹，妈妈回来时，他们会表现得很矛盾，既想要妈妈抱抱，身体上又在抗拒与妈妈亲近。

他们内心很矛盾，看起来拒绝妈妈，实际上却非常渴望，表现出一种矛盾的状态。其实他们很缺乏安全感，并没有与妈妈建立亲密联结。可能妈妈在养育过程中看重孩子的物质需求，却忽略了心理需要。

回避型依恋

这类孩子是比较“冷漠”的。妈妈在时他们表现得无所谓，离开时依然无所谓，妈妈回来时，他们会表现出短暂的开心，但很快又恢复“冷漠”。

虽然孩子表面上与妈妈并不亲近，可妈妈离开时他们与矛盾型孩子是一样的，非常焦虑恐惧。可能在平时的养育中，妈妈对孩子的需求无动于衷，或者情绪时好时坏，导致孩子长期得不到回应，逐渐跟妈妈形成了“冷漠”的依恋模式。

当然，不能绝对地说孩子属于哪种类型。孩子可能三种类型都有，可能在不同时期表现出不同的依恋类型，也可能随着养育方式的改变而改变。只是在大部分情况下，孩子会倾向于一种类型。孩子的依恋类型也反映出妈妈与孩子情感互动的程度。安全型的孩子是最幸运的，他们可能一生都是满足而又安定的，不管处于什么环境。

一个孩子能要多少东西？也许我们大人觉得，他们需要很多钱、很多玩具。可实际上那都是大人的需求。孩子要的只不过是妈妈的爱、关注和及时回应。

在长大后的亲密关系中，这三种类型的孩子也会表现出类似行为。人们倾向于不由自主地重复童年时代的依恋模式。

“焦虑型依恋”的人患得患失，恨不得与爱人 24 小时联络。当你谈起异性的时候，他们会表现出嫉妒。他们也许威胁要分开，可实际上不确定这份感情，希望你挽留他，跟他确认你的爱。他们把儿时与母亲的依恋关系投射到了恋爱中。和这样的人谈恋爱很累，可实际上他们很可怜，只不过是缺乏安全感而已。

“矛盾型依恋”的人在小时候是冷漠的，但在恋爱中却可能成为花花公子。他们喜欢恋爱，甚至喜欢与异性发生关系，但他们却不喜欢跟对方坦露心声，不会跟对方承诺未来。这就是人们常说的花花公子——一边调情，一边保持距离。他们本质上渴望爱，但是又害怕接近。因为小时候很少被满足过，他们渴望又害怕那种满足感。长大后，他们更不敢去寻求这种爱，毕竟那种安全感转瞬即逝，还不如一直没有，冰冷地度过每一个夜晚。

只有“安全型依恋”的人才能够拿得起放得下，爱得忠诚热情，敢于跟伴侣分享自己的喜怒哀乐，享受亲密关系带来的满足感，又不过度亲密，彼此保留空间。

想想我们自己是什么类型，再想想我们自己的童年，也许就明白了如何回应孩子的问题。也许我们曾经没有得到足够回应，也许我们缺乏安全感。可是，这不意味着我们的孩子也必须承受同样的失落。

所谓安全感，真的没有那么虚无缥缈，只不过是让孩子不断地确定“妈妈在这里”“妈妈能看到你”“妈妈爱着你”。

家庭成员之间的关系影响孩子的安全感

正如前文所说，孩子的安全感主要来源于和妈妈的情感互动。可是，这并不意味着孩子哭闹的时候，妈妈走过去抱一下就可以了。孩子的安全感还来源于他们看到的事物，如妈妈的情绪及家庭环境。

如果孩子哭闹的时候，妈妈过来安慰，但表情却是不耐烦且冷漠的，他们就会觉得妈妈不喜欢自己，或者自己做得不够好、做错了事情，从而引起妈妈不开心。

关于妈妈的情绪对孩子的影响，前文说了很多，这里不再赘述。这里再说一下家庭环境——家庭成员之间的相处模式对孩子安全感的影响。

小睿在家里的时候是个“小人精”，能把一家人哄得很开心。大家都觉得，他将来上幼儿园的时候，肯定能跟小朋友相处得很融洽，也能博得老师的喜爱。

可是，结果却令人震惊。小睿并不和同学们玩儿，丝毫不能融入集体，他倒是跟老师们的关系还不错，他很懂得如何哄老师们开心。

问题出在哪里呢?

小睿的家庭很复杂，妈妈跟奶奶关系不好，总是跟他说对方的坏话。妈妈跟他在一起时说奶奶不好，奶奶跟他在一起时说妈妈不好。爸爸在两个女人中间，常常表现得筋疲力尽。家里的保姆也经常更换，小睿需要经常适应新的阿姨。

在这个孩子的成长中，他把精力都放在了处理大人的关系上。他只有牺牲自己，换取家庭片刻安静，才会获得安全感。而与同龄人之间的互动，他不会也不想。

孩子到了一定的年龄就会观察自己的家庭，“检查”它的牢固性，从而确定自己的家是否安全、稳定。如果家庭不稳定，他们的安全感就会像一叶扁舟，漂浮不定。

家庭成员之间的斗争，直接影响孩子建立安全感。在这些复杂的关系里，父母的相处模式尤为重要。

我妈妈有一个女同学，大家都说她脾气很大。最出名的一件事是她去参加丈夫的同学聚会，去之前反复跟丈夫确认有没有女同学，丈夫说没有，她才去的。

可到了现场发现有两三个女性已经到场。大家很礼貌地叫她嫂子，她却一把掀了桌子。这个举动让她“出了名”。有人说她神经病，有人劝她丈夫赶紧跟这个疯子离婚。

可是，当我探究这位阿姨的成长历程，就明白了她为什么反应这么激烈。她小的时候，爸爸就有外遇，而且还把外遇带到家里来。

她妈妈经常像疯子一样骂她爸爸，骂那些女人。从小在这种环境中长大，她内心的安全感几乎为零。

长大后，她也非常反感那些“乱七八糟”的女人，拒绝看到丈夫身边有任何女人，这就是原生家庭给她的致命打击。她拼命想要保护自己微弱的安全感，却又不知道从何下手，只能用过激的举动表达自己的崩溃与绝望。

如果丈夫不知道她的原生家庭状况，早就和她离婚100次了，但她丈夫是个非常聪明又包容的人，他知道自己老婆“发疯”的根源，知道她只是没有安全感，所以总是能包容她。

即使她掀了同学聚会的桌子，丈夫也淡定地对她说：“老婆，他们都走了，这一大桌子菜咱俩可得努力吃啊。”

很庆幸，这位阿姨遇到了一个无条件爱她的人，治愈了她的童年伤痕，为她重新建立了安全感。现在她像变了一个人——温柔又宽容。可以说是新生家庭给了她新生命。可是，那些在原生家庭安全感匮乏，在新生家庭也同样缺乏的人呢？他们可能会孤苦一生，飘零一生。

而这个人，又是谁家的孩子呢？

安全感并不是虚无缥缈的东西，与孩子一生的幸福实实在在地相关。察觉孩子内心、建立安全感，是养育中最重要的任务。

这几件事一定要谨记：

6个月以前，尽量用纯母乳喂养，跟孩子建立足够的亲密感；

3岁以前，尽量不要离开孩子超过两个星期；

再苦再累也要把孩子留在身边；

孩子的需求要用心回应而不是身体；

注意家人的情绪，孩子能察觉到；

家庭氛围尽量和谐一点，纷争不是长久之计。

最后，多抱抱孩子，他们真的很喜欢那种被爱的感觉。

人在任何时候都不会嫌拥抱太多，那种被抱着的感觉，和在子宫里被紧紧包裹的感觉是相同的。所以，孩子走累了要抱，心情不好要抱，被骂伤心也要抱。他们喜欢抱抱，其实是在寻求安全感，只有最亲近的人能给他们那种安全感。

甚至当我们生气了，他们更要抱抱，因为他们知道，只有那样才能确定自己是被爱的。

孩子的安全感是不能自给自足的，只有父母才可以给他们，那我们就不要吝惜了！

注意你的言行：你说什么，孩子都信以为真

“再不听话，我就不要你了！”

“不收玩具，我让警察叔叔把你抓起来！”

“快吃饭，不然以后再也不给你吃了！”

你这样威胁过孩子吗？桃子调皮闹脾气的时候，桃子妈千百次差点脱口说出这些话，但一次次都咽了回去。

我们不知道，一句脱口而出的“恐吓”会给孩子带来多大的伤害。

孩子不会被“吓”乖，只会被“吓”坏

看到了一则挺令人揪心的新闻。

江苏镇江一位父亲把女儿绑在高楼外的晾衣架上，目的是“教育孩子”。

路人听到女孩儿撕心裂肺的哭声，报警后才终止了这一闹剧。

这样的新闻让人心里难受。视频中的女孩儿被放在空隙很大、材料很窄而且不一定结实的高空晾衣架上，真怕她一挣扎就酿成悲剧。

再看看站在屋里训斥女儿的爸爸，更让人感到教育的无力。

在孩子成长过程中，很多时候家长确实恨不得“一揍了之”，但家长失控到这个程度是教育方式的欠缺，也是家长无力的发泄。

很多家长总以为把孩子吓一顿，逼他们说出“我错了，以后再也不敢了”就万事大吉了。可那并没有解决根本的问题，还会把孩子越推越远。

很多人喜欢用恐吓的方式教育孩子，因为那太管用了，效果立竿见影。

但对孩子而言，这样的“吓唬”有害无益。孩子是不会被“吓”乖的，只会被“吓”坏。

高压下的屈服会转化为距离

前几天和朋友一起吃饭，她带着四岁的儿子亮亮。

亮亮有些“奇怪”，他虽然不爱说话，但我在他小小的身上明显感觉到了不安。

妈妈距离他近了，他下意识地闪躲；妈妈去上洗手间，他又会不断地张望妈妈的方向。

我问她，亮亮怎么看着有点不对劲呢？

朋友非常懊悔地说，一周前家庭聚会，亮亮很不乖，先是光看电视不来吃饭，后来又各种捣蛋打扰大人说话。

她觉得很丢人，一气之下把亮亮拎进卧室，恐吓了一顿："信不信我打死你！我真想把你从楼上扔下去！你要是再这样我就把你卖到山沟里去！"

孩子当时就愣住了，一动也不敢动，出卧室后果然安静了很多，再也没闹过。

没想到晚上洗澡的时候，他小声说："妈妈，我告诉你一个秘密，今天我尿裤子了，你会把我卖到山沟里吗？"

孩子竟然穿着尿湿的裤子待了半天！

从那时起，亮亮变了，做什么事都要先看一眼妈妈的脸色。

看着他躲在角落吃薯条，要番茄酱都小心翼翼，我真觉得很心疼。

一个孩子，他能犯多大的错误，竟遭受这样的惩罚？

我们敢这样吓唬孩子，打骂孩子，不过是欺负他们打不过我们，欺负他们离开我们无法生存。

用如此激烈的方式逼孩子听话，太残忍了，也太懒惰了。

教育孩子的方法有千万种，最快也最"有效"的就是打骂恐吓一顿。可这样的教育，唯一的效果就是让孩子越来越怕家长，亲子关系越来越淡薄。

孩子在高压下的屈服会转化成他与父母之间的距离。

吓唬的杀伤力不亚于打骂恐吓

“我不要你了，你走吧！”

“做不到你就别回家了！”

“再不乖就让警察把你抓走！”

“你信不信我把你关进小黑屋？”

……

也许我们不会像新闻中那样把孩子绑在窗外，可这些话是多少家长常挂在嘴边的？它们的杀伤力不亚于打骂恐吓。

我们知道那些话语只是吓唬，可孩子会当真的。

知乎上有一个问题——父母对你伤害最大的一件事是什么？

有一个被点赞最多的回答是讲了自己小时候的一件事。

小学三年级的时候，他不小心弄丢了钥匙，爸爸跟他讲了一堆丢钥匙的危险，并且告诉他，半个小时之内找不到钥匙，你就别回来了。

他跟爸爸坦白已经找遍了所有地方，再找半个小时还是找不到。

他在楼道罚站的时候，楼道里的声控灯亮一会儿就熄灭，他只能隔一段时间就跺下脚，然后门里就传来咆哮声——罚站还不老实！

他吓得动都不敢动，只能在黑漆漆的楼道中说服自己战胜恐惧。

很多年后他爸爸总是说，别人家的孩子跟父母总有说不完的话，我这孩子不爱说话。

其实，他哪里是不爱说话，是不敢跟父母说话。

这件事在孩子心里埋下了黑暗的种子。他不是记仇，是真的不敢再靠近父母了。

若在生活中遇到总是恐吓我们的人，我们可以选择远离。可孩子正是因为离不开，还要面对父母很久，才更加害怕，更加煎熬。

允许孩子在错误中成长

作为一名妈妈，我承认自己也常想吓唬孩子，而且常常差点脱口而出。

女儿在外面玩儿，很晚了也不回家的时候，我想喊一句——你自己在这儿玩儿吧，一会儿有坏人把你偷走；她在公共场合大哭大闹的时候，我也想喊一句——不许再哭了，再闹我就不要你了；甚至，有时候想伸手给她几巴掌。

每当我情绪就要失控，要说出这些话的时候，我就不断地提醒自己——你不过是欺负孩子打不过你，欺负孩子“无家可归”，不知道怎么教育孩子而已。

想想这几句话，想想也许根本就不知道做了错事的孩子，你可能只需几秒钟就能暂停愤怒，冷静下来。

我们成年人尚且犯错，为什么要以更高的标准要求孩子？

人生是允许试错的，孩子更应该在错误中成长。更何况他可能真不知道那样做是错的。

我在微博上看到过一个故事。

男孩儿带着超人面具在扶梯上跳来跳去，爸爸生气地说：“不是告诉过你吗，这样很危险。”

男孩儿不服气地说：“超人才不怕死。”

爸爸听完一愣，蹲下来对孩子说：“英雄是不会将性命断送在玩乐上的，真正的英雄在保护重要的人时才会豁出性命。”

同样的场景，恐怕更多的家长会对孩子说：“再跳就摔死你了！再皮我就再也不带你出来玩儿了！”

这些吓唬的话，有的孩子会很害怕，而有的孩子已经听倦了。

到最后，要么把孩子越推越远，要么孩子丧失了对父母话语的信任。

不如学习一下那位“超人爸爸”，蹲下来，站在孩子的视角，用孩子能理解的理由去说服他们。

不要忽视爱的教育的力量，不要被训斥吓唬的效果蒙蔽双眼。

多一点耐心，少一点失控，教育反而会变得简单起来。

注意你的情绪：能好好说话就别大吼大叫

用吼叫控制只会进入恶性循环

时代变了，家长对孩子使用暴力的方式也变了。曾经，家长信奉“棍棒底下出孝子”“三天不打，上房揭瓦”，打骂体罚是暴力教育。而现在，家家户户的孩子都金贵了，舍不得打了怎么办？

那就只能吼了。

我们觉得，吼两下还不算体罚，不算暴力吧？而且你好好说话，孩子根本不听，声音大一点才有震慑力。我觉得吼叫是暴力的前奏，在告诉孩子“你再不乖我就要揍你了”。

可实际上，吼叫已经是动用暴力了。孩子迫于压力，短时间内可能会变乖，但他们多数时候根本不知道自己做错了什么。妈妈时不时的坏脾气，会让孩子陷入紧张，他们不知道下一次“暴风雨”什么时候来。

我妈妈就是个脾气很大的人，我小时候很怕她。亲朋好友都说我很乖，回到家就躲在卧室里写作业，不胡作非为，不给家长添麻烦。

可是，实际上我真的乖吗？我真的不想走出自己的卧室吗？

不是的，我只是害怕而已。在小卧室里，我是安全的。妈妈看到我在学习，就不会吼我；否则，你不知道触动了她哪根神经就会被劈头盖脸骂一顿。

我们家经常有这样的画面，就是妈妈回到家二话不说，一脸怒气、直愣愣地盯着你。她真的一句话都不说，就坐在你旁边一直叹气，像是我做了多大的错事。

她可能是等着我主动承认错误，顺便看看有没有“意外收获”——发现更多错事。可对我而言，我真的不知道自己又做错了什么事。

像这样的小事数不胜数。我在家的时候，最怕的就是听见门口钥匙响动的声音——那意味着妈妈回来了，家里到处都布满了炸弹，我只有躲起来才可能避免被“炸伤”。

我长大后很害怕别人大声说话。在和朋友相处的过程中，如果我察觉到谁要生气了，一定会立刻打圆场，哪怕是牺牲自己，只要没人大声嚷就好。我也不太会爱自己，总觉得是自己做得不够好。

其实，我知道妈妈是爱我的，她只是不会管理情绪——那个年代的生活太苦了。从她的成长经历、教育背景和婚姻生活来看，她的确是个可怜的人。

但这并不代表，妈妈随意发泄情绪不会给孩子造成伤害。

有时候妈妈们也知道大吼大叫并不雅观，也知道冲孩子大吼大叫会破坏孩子的安全感。

每一个深夜，都有无数妈妈看着孩子熟睡的脸庞懊悔——对不起，我今天又没控制住自己。

即使妈妈们安慰自己，那都是为了孩子好，为了让孩子刷牙，为了让孩子早睡，为了让孩子好好写作业……可本质上，那对孩子并不好。我们安慰自己是在弥补后悔，寻求心理平衡。

妈妈们也有坏情绪，如何排解呢？要控制情绪，首先就要弄懂为什么总爱发脾气，这么多糟糕的情绪是从哪里来的。

女人的天性

有科学分析显示，女人一天要说 20000 个字，才能满足一天说话的需求，男人只需要说 7000 个字。20000 个字，真是不小的数目了。

这就是女人的天性。

在远古社会，男人在外面狩猎，女人在家里带孩子，要教孩子说话，要与左邻右舍打交道。女人说话的愿望本来就比男人多一些。

我们谈接纳，首先要接纳自己是女人这个事实，接纳自己就是爱唠叨，多说些话是一种释放。只不过，现在很多妈妈一早就出门上班，工作中小心谨慎，没有说话的机会。一天积累的“词汇量”只有等晚上回家才能倾泻。这时妈妈们就像充满气的气球一样，松开口的一瞬间，力量是惊人的。

我们要接纳这个事实，想说话需要发泄没关系，但不是冲着没有反抗能力的孩子。孩子没有做错事，也不是我们的“拳击手套”。丈夫也应该接纳妻子爱唠叨这个本性，妻子跟丈夫倾诉了烦躁，就不会冲孩子发泄了。

原生家庭的影响

有时候，我们并不想冲孩子吼，可不知怎么的，内心就是有一个按捺不住的“小人儿”蹦出来操控着我们。在某些时刻，我们会不自觉地把负面情绪倾倒出来。

很可能在我们小的时候，养育者常以这种方式对待我们。那时候我们还小，负面能量只能被压抑在身体里。等我们有了能力，有了“施展”的对象，负面能量也就迸发出来了。

在亲子真人秀节目《超级育儿师》中，一位年轻的妈妈总是冲女儿大吼大叫。究其原因，这位妈妈童年时期常被她的妈妈训斥，所以她做了妈妈后，也在不经意间这样对待女儿。更可怕的是，她的女儿也喜欢用这种方式对待弟弟。

代代相传的交谈方式是原生家庭的伤痛。

大吼大叫不是我们的选择，却是我们的武器。我们在刺伤孩子的同时，也伤害了自己。庆幸的是，我们可以在初为人母时就开始自我察觉，发现愤怒的来源。这是终结不良交谈方式的起点，也是关键性的一步。

生活压力客观存在

我们每个人都是一个容器，要有进水口和出水口，可是身边向我们索取的人太多，给我们温暖的人太少。

工作要求我们控制自己，发挥出最大的力量；对待父母，我们要孝敬有礼，不能发脾气；对待伴侣，我们要相敬如宾，以温柔的方式交谈；对待孩子，也要温柔优雅，使用科学的方法教育。

如此一来我们都成了圣贤。

妈妈们在工作中而生的压抑，跟伴侣磨合而生的怒火，熊孩子带来的无奈……又冲谁发泄呢？

我们要承认，压力是客观存在的，我们也要承认，怒火不是凭空而来的。发怒可能有一些节点，我们甚至可以预测。

比如每天下班后，每次月经前后，跟丈夫吵架之后……

这些事情会影响我们的情绪，我们也会倾向于冲孩子发泄。孩子是多么“好用”的工具啊，能让怒火发挥作用——孩子变得听话，我们还能安慰自己，都是为了孩子好——而且他们是唯一被伤害后不会还击的人。

站在孩子的角度看吼娃这件事很残忍，可是站在我们自己的角度看，也许真的就是太累了，太累了。

生活的压力太多了，嘻嘻哈哈才能面对人生的难。

对孩子有控制欲

我们什么时候最容易冲孩子吼？当然是孩子“不乖”的时候。

可是有没有想过，我们为什么要求孩子一定“乖”呢？孩子是一个独立的个体，为什么一定要完全遵从我们的想法？

孩子写作业之前先看一会儿电视，我们要生气；孩子衣服弄脏了我们要生气；孩子不按时睡觉我们要生气；孩子学习不好我们也要生气。

本质上是因为我们希望孩子按照我们的意愿生活。我们希望用一句“你怎么这么不听话”锁住他们，让他们乖乖回到我们的手掌心。

可是，用吼叫控制孩子只会进入恶性循环。随着孩子长大，他们必然越来越不听话，我们操心的事也就越来越多，甚至会质疑自己为什么付出了这么多，这么辛苦操劳，却把孩子养成了这样。

吼叫和控制并不能解决任何问题，只能让孩子和家长都伤透了心。

缓解情绪的小技巧

说了这么多，妈妈们的负能量来源太多，如何排解就成了关键。当我们发现了问题就成功了一半，我们意识到自己的生活很不理智，开始寻求改变已经很棒了。

这里有几个缓解情绪、不吼不叫的育儿小技巧，希望可以帮到妈妈们。

了解孩子的内心，命令不如选择

孩子虽小，却有自己的内心世界，只是他们的世界与大人的世界比例不同而已。很多时候，不是孩子不乖，而是我们不懂孩子。

我的女儿是个睡眠困难户，每天睡觉从关灯到入睡大约要经过一个半小时。那一个半小时的煎熬，只有陪睡的母亲才懂得啊。

有的时候我也会冲她发火，可有一次她说了一句话，让我很受触动。她说："妈妈，我闭上眼睛就什么都看不到了。"原来，她不睡觉是因为怕黑。

我以为小孩子入睡是很容易的，他们又没有烦心事，闭上眼睛，一会儿就应该睡着啊。可是，他们也有自己的小心思。我们不应该用强制的方式，逼迫孩子进入睡眠。

她害怕黑暗，我却没有开灯。我知道，小孩子所谓的"黑"是什么都没有，声音对于他们而言也是一种光明。我对她说："不想闭眼可以不闭，你是选择听个故事还是听妈妈唱歌呢？"

我们要走进孩子的内心，去察觉他们的需求。

不要命令他们去做，而是给他们选择。孩子有了自我意识后，我们还命令的话，他们就会反抗。给他们选择权，其实是给他们自主权，他们会欣然被"套"。比如，选先洗脸还是先刷碗，选妈妈抱上儿童椅吃饭还是爸爸抱，选唱歌还是跳舞……

孩子更容易接受游戏的方式

孩子喜欢在游戏中成长，在游戏中学习。当然，这个"游戏"并不是手机上的电子游戏，而是有亲子互动的小游戏。

我女儿在吃饭之前抗拒洗手，于是我用一个"套路游戏"就能让她欢快地跑去洗手。我对她说：“妈妈要和宝宝比赛了，看谁洗得快，妈妈已经要出发了！”看到我要往卫生间跑，女儿也飞快地蹿了过去。

吼叫和游戏的结果可能都是一样的，那就是孩子吃饭之前必须洗手。区别在于，吼叫是逼迫，游戏是引导。

能用温柔的方式解决问题，就不要用强制的方式去压迫。

减少功利心

我们冲孩子发火的一部分原因是孩子不如别人。有的妈妈很“坦然”，说自己并没有要求孩子比别人强，只是不能接受孩子比别人差，希望孩子至少处于中等，不管是学习还是生活习惯上，孩子总不能太落后于人吧。

我们不能接受孩子比别人差，本质上是不接受自己比别人差，甚至是羡慕孩子还有努力的机会。

想想看，我们冲孩子说：“不学习，你将来就没有好工作，你就会生活得很糟糕。”这其实是在对自己说，我曾经不够努力，现在生活得不够好，孩子还有努力的机会，他的人生还有多种可能，我真羡慕他，真希望能代替他好好学习。

过于功利，用攀比的方式衡量孩子，只会让自己处于无休止的失望之中。我们总会对孩子的某些方面不满意，总会有“别人家”的孩子来“扰乱”我们的生活。

不如平和地对待孩子，相信孩子即使某些方面做得不好，他也有自己的优势，他即使慢一些，也会逐渐长大的。

即使对比，也用孩子的今天与昨天对比，有一点点成长也是收获。每个孩子都不同，本身就没有对比的必要。

少说多做是王道

在教育这件事上，做永远比说重要。说得多了就成了唠叨，说得多了孩子没有改变就会引起愤怒。而我们自己的行为才更能影响到孩子。

童话大王郑渊洁的儿子郑亚旗讲过一个故事，我很感动。

很多人问郑亚旗，父亲是一个什么样的人。他说："我的第一反应其实是'勤奋'两个字。从我有记忆开始，一睁眼的画面大部分都是他坐在书桌前写作。直到我二十几岁时，有一次和他出差住在同一个房间，早上 5 点醒来看到他已经坐在桌前写博客了，我瞬间觉得穿越到儿时。"

爸爸自己做得优秀，自然会给孩子树立令他肃然起敬的榜样。当孩子提到父亲的时候，他是敬佩的。所以，父母不需要大吼大叫，轻声慢语也能起到巨大的作用。

不管我们对孩子有什么要求，请记得以更严格的标准来要求自己，做一个值得孩子尊敬的人，而不是让孩子畏惧的人。

给自己的情绪松松绑

我们承认压力的存在，也承认自己是个普通人，有七情六欲，有崩溃绝望的时候。那我们该做的就是在情绪的“气球”爆炸前给自己松绑。

如果我们每天下班之前容易崩溃，那就在回家前放松一下，买点东西消费一下，吃个代表着放纵的甜品，或者用运动的方式发泄一下。

如果带孩子时间太长觉得很绝望，那么就把孩子交给其他家庭成员，自己去放松半天或一天。给情绪松绑、泄压是对自己负责，虽然不能解决实质性问题，却可以让自己放松一点。

脾气马上就来了，怎么做

如果到了那么一个瞬间，我们就要爆炸了，就要冲孩子发火了，应该怎么快速调节？

首先深呼吸，别说话，深呼吸，别说话，深呼吸，别说话。重复三次，离开现场。然后想象一下自己童年被吼的样子，想象一下那种恐惧感，再想想弱小的孩子，我们真的忍心冲他们发火吗？

当妈妈后，我经常想冲女儿发火，因为我童年时就是被这样对待的。可是在别人眼里，我却是个“好脾气妈妈”。我并没有什么过人之处，只不过在自己想要怒吼的时候，提醒自己想想小时候的遭遇，再看看无辜的女儿，就知道我不能这么对待她。

实在想要发泄的时候，可以找个大人，如伴侣、朋友、亲人，跟成年人平等地沟通发泄，不要“误伤”孩子。

调节互动比例有帮助

孩子对家长的情绪是极为敏感的，很多家长喜欢带着情绪跟孩子说话，其实那样很不好。当然，我们不要求父母都是圣人，没有情绪。可当我想到孩子哭着也要说妈妈别生气，我就不忍心了。

孩子在说“妈妈你别生气”的时候，眼泪是无力的懊恼，他们找不到那个对他们笑也对他们温柔的妈妈了。他们很害怕，彼时的我们也真的很可怕。

最后，我还想说很重要的一点，就是很多妈妈在冲孩子发脾气之后，很懊恼自责，甚至觉得自己不是好妈妈。

其实谈情绪管理，并不是要求所有家长一点脾气都没有，只是提醒各位，不做一言不合就发脾气的人。

著名婚姻研究专家约翰·戈特曼（John Gottman）在多年的研究中发现，高质量的婚姻并不是没有问题，而是他们维持了一个良好的比例——积极的互动（鼓励、赞美）超过了消极的互动（诋毁、指责）。积极互动与消极互动的最佳比例是 3.5∶1。幸福的婚姻比例能到达 5∶1。当这个比例接近 1∶1 的时候，那就要离婚了。

我们在亲子教育上也可以参考这个幸福婚姻的比例，让自己与孩子的积极互动多于消极互动。一次两次并不代表你是坏妈妈。我们为孩子付出得已经很多了，多给自己一点赞美，也是减少负能量的好途径。

适度地发泄，尽量不对着孩子发脾气。如果伤害了孩子，请记得道歉。

注意你的态度：两个孩子能一碗水端平吗

随着二胎政策放开，许多家庭也走向了二孩时代。家里只有一个孩子的时候，只需要疼爱好一个就行，有了两个孩子后，可不是再多疼爱一个孩子那么简单。我们除了要照顾好每个孩子，还要处理好两个孩子间的关系。

有一个问题几乎每个二胎家庭都会遇到——一碗水能端平吗？

这个问题真的很扎心。当一位妈妈提出这个问题时，她可能已经意识到，自己会时不时地“偏心”，毕竟老二软萌可爱，老大叛逆事多，偏爱可爱的孩子是人之常情。

这也是一个很让人心疼的答案——因为各种原因，我们只能尽量保持平衡，却不可能实现绝对平衡。民间有句俗语“老大傻老二精”，说得也是这个道理。老大出生的时候，家里的资源、宠爱都是他的。可老二出生时，家里已经有了一个“竞争对手”，他就得学会“卖萌”，换取父母更多的爱。

这是我们不能避免的事实。所以说，如果我们在不经意间产生偏爱，请不要自责。大家都是平凡的父母，有偏爱的倾向很正常。

之所以这样讲，并不是说我们可以这样做，而是希望各位父母不要有太多的心理负担，我们从容应对各种问题，才能得心应手。

为什么一碗水这么难端平

我的闺蜜两年前生了二胎。大宝长得像她丈夫，不太好看而且有点胖。二宝继承了她的基因，长得非常漂亮，俨然一个洋娃娃。两个孩子相差 4 岁，二宝正“好玩儿”的时候，大宝到了“气人”的年龄。

我们都夸她家二宝生得好。她很愧疚地跟我们说：“不知道为啥，我看我们家‘大姐儿’就来气，看见‘二姐儿’就稀罕得不得了。”

这也是很多家长都会遇到的状况。老二本来就可爱，加上他们年龄小，需要的亲亲抱抱、关注力都多一些，大宝看到这些就会嫉妒，从而做出叛逆的举动，来吸引家长的注意力。

如果家长不能察觉孩子的内心，可能大吼一顿“不懂事”就过去了。可是仔细体会大宝的心情，他们宁愿做错事，冒着被父母责骂的风险也要吸引父母的眼光，也着实令人心疼。

两个孩子年龄不同，我们对他们的期待也不同。对待小的，他们只需要好好吃饭、睡觉不哭闹就好；而大的已经长大，我们期待他们懂事、成绩好、有自己的兴趣爱好、疼爱弟弟妹妹……

大宝面临的要求多，他们当然就会受到更多的批评责骂。他们不会觉得父母是因为对自己期待高而批评自己，只会认为因为有了小弟弟小妹妹而不爱自己了。大宝有了争宠的想法会更加叛逆，于是“高期待—嫉妒—叛逆—被责骂—更嫉妒—更叛逆”的恶性循环也就产生了。

所以说，如果我们不刻意察觉自己，察觉孩子的心理，很容易在不经意间就成了偏心的父母，给孩子造成伤害，也挫伤了手足之情。

“随意”偏心的伤害到底有多大

如果父母可以选择的话，没有父母会刻意偏心。我们的不经意、我们的“随心所欲”可能成了伤害孩子的利剑。

出生在偏心家庭的孩子，比冷漠家庭的孩子更加可怕，他们知道父母不是不会爱，只是不会爱自己。那种对比的落差会让他们深深怀疑自己。

我有一个弟弟，还有一个妹妹，从小就觉得爸爸妈妈不疼我，他们疼爱弟弟，我还可以理解他们重男轻女，可同样是女孩儿，他们却更疼爱妹妹而不疼爱我，这一点令我非常难以接受。

只不过，我的方式不是变得叛逆，而是变得懂事。妹妹很会撒娇，很会哄爸爸妈妈高兴，我就是那个“傻老大”，除了让父母省心以外也没有什么好的。

爸爸妈妈叫我让着妹妹，却忽略了我也有自己的需求；爸爸妈妈让我负责弟弟的生活、学习，却忽略了我也是个孩子。我记得很清楚的几件事都是我和妹妹起冲突，妈妈总是向着妹妹而不是我，哪怕很明显是妹妹不对。

即使是我和妹妹都已经结婚，发生误会或冲突，妈妈依然会向着她。记得我刚生下孩子不久，妹妹也怀孕了。有一天，丈夫跟妹夫要一个东西，本来说自己开车去拿，可妹夫说他每天跑业务，顺路送来就好。第二天早上 7 点多，妹夫送来了丈夫要的东西。

那天快 9 点的时候，妹妹给我打电话说她想回娘家，能不能让我丈夫去接一下她。我说不行，因为昨天孩子折腾一宿没睡，我得补觉，他得带孩子。

这件事我并没有觉得自己有什么不对，谁知一会儿就看到妹妹发了微信朋友圈：“凭什么让我丈夫给你送东西，你自己不知道来拿？”

当时我有点不明白，就去问妹夫这是怎么回事，不是说好了你顺道送来吗？妹夫回复我“她有病，你别理她”。我以为这件事就此结束了。

谁知到了晚上，我爸妈登门兴师问罪——干吗要破坏妹妹的婚姻，干吗非得争强好胜！

那一天，我这辈子都不会忘记。从小受到不公平待遇的冤屈一泄而出，我没有反抗，因为我不会跟父母反抗，我只能拼命流泪。

我的父母当着我公婆兴师问罪，只考虑了妹妹的婚姻却没有考虑我在婆家的面子，好在我丈夫和婆婆都是非常开明的人，他们并没有因此看不起我。

我放声大哭的那个夜晚，哭断了自己对父母的所有期待。

从那以后，整整半年我没有跟妹妹说话。即使她跟我说话，我也不想理她。有些事并不是随着时间的流逝就可以抹平的。直到她生了孩子，我在丈夫和婆婆的劝说下给她家孩子买了一些东西，这件事在表面上才算过去，至于心理上什么时候能过去，我自己也不知道。

我想到上大学时，临放假的那两天，弟弟就数着还有多少小时我能回家，妹妹也是早早地问我想吃什么，她要拿自己的零花钱给我买，那种有人惦记着的感觉真的很好。

我知道，有些事情并不是弟弟妹妹本身错了，而是我父母处理得不好，我不应该去怪弟弟妹妹，做错事的不是他们。即使后来我想明白了，也知道父母那一代人的局限性——他们不懂得教育，不懂得处理孩子之间的关系——我那伤痕累累的心需要多久才能不再流血呢？并不是懂得就可以放过。

很多父母生二胎是想给大宝找个伴儿，可是却不知道，两个天生存在竞争关系的孩子，不是天生就可以做伴儿的。

从我们家的反面教材中，我看到了二胎家庭和谐的关键因素——不能放任自己去喜欢哪个孩子，这对被偏爱的或被嫌弃的孩子都不是好事。

二胎家庭的父母必须要多一点“刻意”——强迫自己多关注大宝一点，不要只看到他们不乖的一面，还要看到他们内心真实的想法。

其他家庭成员对二宝的宠爱本来就会多一些，作为父母要多去平衡这种偏爱。即使偏心，也是偏向大宝。两个孩子的家庭，二宝很喜欢跟大宝学，把大宝教育好了，二宝看到了榜样，自然不会太差。

养孩子的责任，不交给大宝

“你是姐姐（哥哥），你得让着弟弟妹妹。”这句话多少父母对大宝说过？

养孩子是父母的责任，而不是大宝的责任。我们常常对大宝抱有特殊的期待——他们能管好弟弟妹妹，玩儿的时候带着他们玩儿，学习的时候带着他们学习。

可是，两个孩子年龄不同，玩儿不到一块儿去是很常见的现象。我们强迫老大带着老二玩儿，不仅会打破老大的兴致，老二也不能尽兴。

动画片《小猪佩奇》中，佩奇的好朋友小羊苏西找她玩儿，弟弟乔治也想跟着一起玩儿，可佩奇说这是女孩子的游戏，不带乔治。

一般情况妈妈可能就会对佩奇说："你们带着弟弟吧，弟弟这么小，玩儿点他能玩儿的。"可是正在旁边做蛋糕的猪妈妈却没有这么说。她对乔治说："乔治我在做蛋糕，你能帮我把盛巧克力的盆子舔干净吗？"乔治欣然答应。

猪妈妈的做法起到了尊重两个孩子的作用。如果大宝愿意，她当然可以陪弟弟玩儿；如果她不愿意，又有朋友在，就有权利选择玩什么。

要记住，不要把教育小宝的责任交给大宝，大宝也是个孩子。

即使想让大宝多带二宝玩儿，也要大胆放权，给大宝自主权。

心理学家李子勋在《家庭塑造孩子》中指出，当大孩子指导和管束小孩子时，父母不要轻易介入或干涉，也不要过于热心地提出建议。大的对小的不公平时，父母也要旁观，看看小的如何应对，接下来他们如何妥协。小的"投诉"大的时，父母不能当面批评大的，而要说："我会找时间单独问问。"不要轻易判定谁对谁错。如果真是老大错了，私下批评与处罚都是可以的。不要昭告天下，让大的在小的面前失去了权威与信赖。

我们不可能既要求老大做表率，还不给他们主导权，那岂不是太贪心了？

提前制定规则，事后减少纠纷

很多时候孩子冲突是因为家长没有提前制定好规则。

举一个很简单的例子。大宝到了上学的年纪，家长需要在晚上给他辅导作业，下班后到睡觉前的一大段时间给了大宝，二宝难免不开心，要争风吃醋。

这种时候，我们可以跟二宝说好，今天爸爸陪姐姐（哥哥）写作业，妈妈陪你玩儿，明天妈妈陪姐姐（哥哥）写作业，爸爸陪你玩儿。或者规定一个时间段，提前制定好规则。

如果两个孩子有一个公用的玩具，也要提前跟他们说好，这次谁先玩儿，下次谁就后玩儿。如果孩子发生了争执，让他们自己去解决。

即使他们不能解决，我们也不要当着一个孩子的面批评另一个孩子，这会让另一个孩子窃喜。我们只需要温和地问他们："咱们之前制定的规则是什么？"

不要斥责做错的那一个，可以先抱抱他，表扬他积极承认错误，事后再问问他为什么要违反规则，是不是有什么原因，如果没有的话，下次记得要遵守啊！

不要低估孩子的执行力，孩子并不怕践行规则，怕的是父母没有给他们制定规则，等他们做了错事又来斥责。

不随便生二胎是一种美德

我承认，两个孩子有两个孩子的好处，更容易培养健全的性格。可是，生二胎不能跟风，并不是所有家庭都适合生二胎。如果盲目生了二胎，很可能让家庭关系更糟，夫妻关系失衡，孩子的成长也受到影响。

孩子不是工具，更不是联系夫妻关系的纽带。这个道理我们都懂，可现实中却总在不经意间让孩子承担这个责任。

同事静姐最近离婚了，费了好大的力气才要到了两个孩子的抚养权，她不想舍弃任何一个孩子，也不想让手足分开，只能做一个带着两个孩子的单亲妈妈。

静姐为什么生了二胎？

因为和丈夫的关系太糟糕了，丈夫一个月也不能回家几次，对她的态度更是冷若冰霜。她想着，我再给丈夫生个孩子，一定能换回他多回家。

就这样，在夫妻关系已经很尴尬的情况下，静姐又生了第二个孩子。二宝出生后，静姐的丈夫却变得更不喜欢回家了，家里只有此起彼伏的哭声、邋里邋遢的妻子，还有一片狼藉的客厅、餐厅。

对一个不负责的男人来说，他没有体会过照顾第一个孩子的辛苦，更不会主动去照顾第二个孩子。时间久了，静姐的丈夫自然就出了问题。

两个人离婚时，静姐最后悔的不是嫁给了这样一个男人，而是自己不该生二胎，让两个孩子跟着她受罪。看着静姐的近况，还有两个懵懂的孩子，作为一名妈妈，我真的很心疼他们。

可是，静姐的问题在于她生了二胎吗？是那个无辜的孩子加速了他们婚姻解体吗？其实不是。再生一个孩子的确会给家里增添很多困扰，但问题不是孩子带来的，他们婚姻的结局在生二胎之前就已经显出苗头。

二胎就像是冰山的一角，我们远远看着只有一点，可水平面下才是日积月累的伤害。那些生了二胎又后悔的家庭，生孩子前就是在带伤前行。

生二胎一定要考量好三个问题：

丈夫能帮忙吗？

有人帮忙带孩子吗？

经济是否宽裕？

如果这三个条件都满足，那二胎生活会很美妙，如果少了两个，甚至一个都没有，只会带来无尽的纷争。

不管生几个孩子，我们都要对他们负责。一个孩子有一个孩子的养法，两个孩子有两个孩子的注意事项，不要为了跟风，随便生二胎。有了二胎之后就要多学习平衡的智慧。

我们要发现孩子在“可爱”以外的优秀品质，多去关注孩子的成长进步和性格上的闪光点。每一个孩子都值得我们温柔相待。

爱和溺爱是两件相反的事

溺爱不是爱

在现代教育理论中，家庭环境给孩子最重要的两个礼物就是“足够的爱”和“有规矩的自由”。我也认为，家长一定要学会爱孩子，拥有爱的能力。

爱孩子和爱自己其实是一样的。不是说我们给孩子拼命花钱、买东西、纵容欲望就是爱，而是充分的尊重与悦纳。

可能很多家长就会问了，什么叫充分的尊重与悦纳？难不成孩子什么都是对的，他们做什么，家长都得顺从？

当然不是。

孩子并非100%都是对的，孩子与父母之间是相互作用的。父母影响孩子，孩子也影响父母。如果一个孩子抽烟、喝酒、打架、不学无术，父母很难情绪温和。我们看到孩子的做法不对，也应该承认自己的教育方法出了问题。

过去很多家庭奉行的教育理论是“棍棒底下出孝子”，而现在很多家庭又走向了另一个极端——孩子什么都是对的。有时候想想，那些棍棒下面教育出来的孩子，长大后就是现在认为“孩子就是皇帝”的父母。

他们自己小时候没有被善待，于是内心种下一颗种子——我一定不会成为那样的父母。他们成为家长后就把小时候没有的、父母亏欠自己的都给了孩子。这两件事本质上是一样的，都是因为父母缺乏爱的能力。

我见过一个孩子，非常不懂礼貌，不管家里有没有客人，都冲奶奶“发泄”情绪，骂奶奶、打奶奶、用脚踹奶奶。孩子的妈妈却很淡定，美其名曰“无条件爱孩子”，其实却是在无条件害孩子。

孩子在世界观没有成形、不知道什么是对是错的时候，我们作为父母的有义务去引导他们。他们并不是什么都对，只不过我们要给孩子试错的机会，告诉他们是与非的界限。

爱孩子是一件轻松的事，家长和孩子都应该觉得非常轻松快乐。如果有一个人感觉苦大仇深，另一个人觉得放任自流，那一定不是真正的爱，而是打着爱的旗号的溺爱。

爱和溺爱有什么关系，是爱得太多就成了溺爱吗？

其实爱和溺爱是两种截然相反的东西，与多少没有关系。尹建莉在《好妈妈胜过好老师 2》中说，爱的本质是要给孩子自由、宽容和欣赏，而溺爱的本质则是管制、包办和批评。溺爱不是爱，是披着爱的外衣的占有和控制，其背后的心理是恐惧和不信任。

恐惧是家长的恐惧，怕自己做得不好，不能成为好妈妈；不信任也是家长的不信任，认为孩子在跌跌撞撞中不可能生长得很好，也不认为自己有能力处理好各种突发状况。

有物质却没有自由

我有一个嫂子，她家就像是“高端儿童用品展览馆”。虽然她儿子才 4 岁，可家里的鞋子、帽子和衣服不计其数。每一双鞋都有搭配好的衣服和帽子，孩子吃的都是进口食品，就连喝水都要喝新西兰进口的矿泉水。

有一次和一个亲戚聊天，亲戚说出生在他们家的孩子真是享福，跟人家相比，咱们就像住在贫民窟。

我却不以为然，给孩子最好的物质生活就是爱孩子吗？如果这样的话，教育将会是一件多么简单的事情。我那位嫂子家并不是大富大贵的人家，夫妻两个人工资虽然不低，可基本上是月月光，把钱都花在了孩子和自己的吃穿用度上面。这不是富养，这是真正的心穷。

父母执迷于用物质满足孩子，是因为只有物质和金钱是自己看得到的，是自己能把控的，可是，那未必是孩子真正需要的。

对于孩子而言，名牌衣服与普通衣服没有区别，好看与不好看的标准跟大人也不同。家长表面上是爱孩子，实际上是满足自己做“好父母”的需求。

更重要的是，他们剥夺了孩子长大成人后的快乐。如果父母能保证孩子一生锦衣玉食，那无可厚非。可如果孩子长大后生活条件还不如小时候，他们将感受不到快乐。

在物质上，没必要穷养孩子，更没有必要超出能力范围给予孩子，家里有什么条件就按着什么条件养，这本身就是一件顺其自然的事情。

只注重物质供给而不关注孩子内心，这样的家长还把孩子当成2岁以前的状态，以为只有吃饱穿暖，并且吃的穿的比别人好就行了。而且孩子从小就锦衣玉食，长大后很难从平淡的生活中感受到幸福。

但随着孩子年龄的增长，他们有了自己的想法，有了自己的需求。我们认为珍贵的东西，他们也许觉得一文不值，我们觉得应该弃之如敝屣的东西，他们却视若珍宝。

一味地满足孩子的物质需求，并不能让孩子获得真正的满足感。他们也许只想让父母用一个小时的时间陪陪他们，可父母却用一个小时的时间做了一锅红烧肉，还责怪孩子不乖，没有看到大人的忙碌。

如果孩子熟悉了这种模式，他们就会把父母的付出与给予当成理所当然，还会怪父母没有看到自己真正的需求，于是一个不懂得感恩的孩子就产生了。

放纵不等于自由

爱是包容，溺爱是放纵。这两者之间的差距是天壤之别。

有一个公益短片叫《就一次》，在那个短片里，小朋友买冰激凌用的不是钱，而是父母的手指头。一个小女孩儿正在草坪上跳绳，远处传来卖冰激凌的叫卖声，女孩儿扔下跳绳就跑到屋子里。妈妈正在切菜，爸爸正在看报纸。

女孩儿拉着妈妈的衣角，说着"once please"（就一次），妈妈先是摇摇头，后来禁不住孩子的软磨硬泡，于是笑着切下了自己的手指，让女孩儿去买冰激凌吃。

冰激凌小车前，有一群小孩儿围着商贩，手里拿着一根根手指，等着买冰激凌。

"就一次""最后一次"，多少孩子求父母的时候说过这句话？孩子和父母也都明白，不可能只有一次，也不可能是最后一次。

父母为孩子有所牺牲是正常的，但前提是，牺牲对父母和孩子都有好处，而不是害人害己。

孩子就像一棵小树，放任他们自由生长的话，他们会长得奇形怪状，不停修剪的话，他们永远长不成参天大树，还可能会枯萎。只有让孩子在一定的规则内拥有自由成长的动力，他们才能长得更好更壮。

《就一次》中的场景其实并不罕见。孩子在商场想要一个玩具，而家里有跟它类似的玩具。孩子撒泼打滚的时候，就是在跟父母要

"手指"。溺爱孩子的父母可能就会妥协了。真正"懂得"爱孩子的父母会安静地等孩子停止哭闹，然后温柔地告诉他们不能买的原因，即使可以买，也应该用孩子自己的零花钱买。

无限纵容与有原则的爱，区别在于能否帮助孩子适应社会规则，能否帮助孩子形成优秀品质。

就像武志红在《为何家会伤人》中说的，溺爱表面上看仿佛有那么一点伟大的味道，因为从现象上看，溺爱的父母是通过牺牲自己来满足孩子的需要的。但实际上，溺爱源自父母的自恋，溺爱的父母无视孩子的真实的成长需要，而是将孩子当作另一个"我"，给予过度满足。可以说，无限制地给予孩子其实是在无限制地给予自己。

溺爱最隐秘的表现形式——控制

父母为孩子包办，看起来是辛苦操劳，为孩子牺牲了自己的大部分快乐。但是，说句非常刺痛的话，溺爱是一种懒惰。

举个很小的例子，很多父母宁愿追着孩子喂饭，也不愿意让他自己试着吃。因为孩子学吃饭很麻烦，他们会弄得到处都是，一顿饭要吃好久。

可父母在喂饭的过程中剥夺了孩子的选择自由，忽略了孩子是独立的个体，有自己吃饭的愿望和需求。某种程度上，他们扼杀了孩子的独立性。父母付出的越多，对孩子的要求与期待也就越多，这本质上也是一种控制。

我们可以想象，一个孩子没有自己的独立灵魂，却被要求做各种事情，他们是多么痛苦，多么无奈！

这也是很多家长的困惑——我绝对没有溺爱孩子，我们家该打的时候也打，该骂的时候也骂，说我溺爱孩子，我可不承认。

溺爱有两种类型，一种是最常见的纵容型溺爱；还有一种是隐藏得很深、披着管教外衣的溺爱——控制型溺爱。

父母打着“为你好”的旗号，其实是根本不信任孩子，只能通过事无巨细地安排控制来换取自己的安全感。

父母侵入孩子的灵魂，挤走孩子独立的自我。人的身体里只能有一个灵魂，父母侵占越多，孩子的灵魂就越少。父母控制欲强大到一定地步，孩子的灵魂就被阉割了。

真正的爱是一种自由

很多人都有疑问，以前的孩子，父母工作太忙没有人管，没有丰富的教育资源，也没有兴趣班，现在的孩子要什么有什么却不知足，出现各种教育问题，让家长伤透了脑筋。

那是因为没人管的孩子更能发挥主观能动性、发挥创造力。被管太多的孩子，360°地被父母盯着，哪里还有自己的空间？

我小时候和姥姥一起生活。姥姥是个不认字的农村妇女，所以除了吃饭其他的她都不管我。上课时老师讲可以用一次性杯子做个“电话”，我回到家就找出杯子、线和胶水，制作了一个“电话”。

我还记得姥姥那时经常吃一种药，用白色塑料球包住的中医药丸，每次吃完药，就剩下两个半球。那时我正好在一本书上了解到不倒翁的原理，就去附近修自行车的店铺捡了很多小钢球，然后包上塑料半球，再粘上纸做成不倒翁。

还有自制蜡烛，用泥巴烤一个碗，自己缝个沙包……这种事我都自己做过，现在想想真的是一种美好的回忆。

可现在的“教育”是什么样子呢？孩子说做个电话，家长可能把一切材料都准备好，然后盯着孩子完成，还要在一旁指点。现在生活条件的确是好了，可孩子的创造力也被遏制了。

真正的爱是一种自由，给孩子足够的空间，父母和孩子都做自己的事情。

如果孩子连一点点试错权都没有的话，那他如何长大？孩子 5 岁时把球扔到泥坑里，家长默默帮他捡起来洗干净；等他们到了 15 岁，把球踢到泥坑里，可能还会等父母去捡。因为他们从小不管遇到什么事情，父母总会挡在前面，把一切都解决好。

这相当于把老虎当成猫咪来养，等他们到了 18 岁，一下子进入丛林，温室中的小猫被丢进猛兽横生的丛林，这是多么残忍的事！

我们不能让两三岁的孩子像十几岁的孩子那样懂事，更不能等他们到了十几岁还像两三岁时父母包办一切。

爱是自由，溺爱是束缚。

爱是包容，溺爱是放纵。

爱是原则，溺爱是控制。

爱是悦纳，溺爱是贬低。

爱是独立，溺爱是附属。

多给孩子探索的空间，多给他们试错的机会，把教育当成一件顺其自然的事，从容应对，有条不紊。

允许孩子挑食后，整个人都清爽了

过于重视吃饭会成为教育的痛点

中国有句古话“民以食为天”，吃饭是我们民族最重视的事情之一。

网上流行一个段子，没有什么是一顿烧烤不能解决的，如果有，那就是两顿。也就是说吃饭不仅仅为解决“活着”这样的基本需求，也成为满足精神享受的高级需求。

享受美食本是好事，可我们对吃的重视与焦虑却会不经意投射到养育孩子上。

任何一个育儿群，妈妈们讨论的事情里一定有孩子的吃饭问题。

“我家娃不爱吃小米粥，挑食。”

“我家娃只吃清蒸鱼，挑食。”

“我家娃不吃两种混合在一起的东西，挑食。”

挑食这件事是多少家长的心头大事。

在我们千百年传承下来的文化中，好好吃饭、营养均衡是孩子成长中非常重要的一环。

我身边有很多妈妈，一天最重要的三件事就是早上做什么饭、中午做什么饭和晚上做什么饭，孩子对待饭菜的态度仿佛就是对自己劳动成果的态度。

家长关心孩子的衣食住行是再正常不过的事情，可过于重视吃饭却会成为教育的痛点。

其实何止是孩子啊，成年人也有各式各样的挑食者，我们为什么对于孩子挑食这么难以容忍?

孩子挑食不是身体上的病，更多是孩子和家长心理上的焦虑。

当挑食成了对抗的方式

我有一个朋友小玉，她不爱吃的东西很多，而且还有一个不管吃饭还是喝水一定要剩一口的习惯。

那一口有时候少到只有半勺，可是她就是要剩下。

她小时候是那种瘦瘦巴巴的女孩儿，每顿饭吃什么、吃多少是家里的头等大事。她甚至经常听到妈妈给朋友打电话，如数家珍地说出她最近三天的饮食——吃了一个包子，喝了半碗粥……

别的家长鼓励孩子时会说他们努力、聪明、成绩好，而她被鼓励的方式是“今天吃得挺多”“一直不吃胡萝卜，最近吃了两口”。

吃饭这件小事成了她生活中程序化的事情，于是挑食就成了潜意识里的无声对抗。

挑食是在向父母说“你让我吃，我偏不吃”，吃饭剩一口是在向父母呐喊“我有权决定自己吃多少”。

不经意间，饭桌成了家庭的权力游戏。

父母总是习惯把自己的焦虑投射到孩子身上。也许因为父母还是孩子时，在吃饭的问题上没有得到充分的尊重与接纳，成为父母后便下意识地认为让孩子吃饭是艰难的事情。

家庭问题会代代相传，父母曾被怎么对待，他们也倾向于怎么对待孩子。自己童年时代因挑食而被指责，现在，那些话语不经意间脱口而出，成了指责孩子的利剑。

父母嫌弃孩子挑食，本质上是排解自己的焦虑，满足自己的需求。

我们都承认自己爱孩子，可有时我们对待孩子的做法恰恰反映出童年时不被接纳的自己。

挑食背后隐藏的问题

除了和父母焦虑有关，孩子挑食还有一个原因，就是吃饭问题被放大成生活问题。

电视剧《虎妈猫爸》里有这样一个片段，赵薇饰演的毕胜男为了能好好照顾 6 岁的女儿和丈夫，辞职做了全职妈妈。

她经常在饭桌上跟女儿强调，今天的蔬菜是有机蔬菜，好贵好贵的，妈妈为了你的健康排队、花钱、费精力……

桌子上有诱人的红烧肉，可是妈妈却为了让女儿保持身材、均衡营养，每天限定她的肉类摄入量，鼓励吃绿油油的蔬菜。

站在家长的角度，毕胜男的确用心良苦，可孩子作为被“追捧”的人，他们就真的幸福吗？

一个可以独立行走、独立用语言与人交流的孩子，连吃饭的自由都没有，那是多么可悲的事情。

挑食背后隐藏着孩子独立与尊重的问题。

有一次吃饭，毕胜男告诉女儿不吃菜的话就不许吃肉。女儿一气之下说，那就不吃饭了！

毕胜男瞬间就反应过来，女儿下午一定偷吃东西了。于是，吃饭问题转化为家庭内部矛盾——下午干什么去了？如实回答，不然明天就多跑一圈。

妈妈的话更像心理暗示——你不爱吃菜，而且因为你挑食我们又要吵架了。

简简单单的一个吃饭问题，变成了“批斗会”。

但我们想一想，孩子会因为怕指责而不挑食吗？会因为父母的战争而爱上吃饭吗？

当然不会。

人对于他人的指责往往有一种与生俱来的羞耻感。如果一个人总是指责我们，那么我们绝对不会朝着他们期待的方向变好，否则别人讽刺挖苦我们之后，我们就变好了，那是多么丢人的事情。

所以，很多孩子挑食并不是因为厌倦食物，而是被暗示出来的。

孩子再次吃饭时，他会想到妈妈的指责，想到妈妈和爸爸的争吵，当这些恼人的事情与吃饭联系起来，吃饭就变成了一件不愉快的事。

没有人会因为指责而变得强大,也没有人会喜欢消极的心理暗示。

降低对吃饭的焦虑

平心而论，吃饭真的这么重要吗？孩子撑一顿或饿一顿真的是大事吗？爱吃零食和挑食真的就罪大恶极了吗？

也许我们曾经不被接纳，所以不能接纳孩子对于饮食的挑剔。

美国儿科学会指出，让宝宝愉快地进食，和宝宝一起享受进食的快乐是最重要的。这比宝宝是否吃饱了，是否吃了你认为有营养的食物更重要。

想让孩子不挑食，降低家人对吃饭的焦虑，我们可以从这几个方面入手。

家长要保持“松懈感”

很多家长都觉得自己不懂教育，其实我们真的不需要成为育儿专家，甚至不需要把事情做得太细。

英国精神分析学家唐纳德·温尼科特（D. W. Winnicott）曾提出“good-enough mother”的概念，曾奇峰老师巧妙地把它翻译为“60分妈妈”。

为人父母，没必要寻求满分，甚至不要追求完美。我们不够完美，就给了孩子补全残缺的机会。

保持60分的松弛度，不做甩手掌柜，也不过于焦虑。要知道孩子大部分的路都是要自己走，大部分的人生选择都是自己选，吃饭这种小事，何必“大动干戈”？

把吃饭当成一件自然而然的事

假设我们的一生有80年，按照一天3顿饭计算，那么我们一生要吃将近9万顿饭。

孩子有时因为心情、胃口、口味和身体状况的原因，不想吃饭是再正常不过的事，少吃一顿，除了饿一点外不会有什么后果。

我们可以在做饭前“麻烦”孩子帮我们制定一个菜单，但没必要在吃饭时强迫孩子必须吃什么，必须吃多少。

我有一个表姐非常注重食品安全，各种零食都不让孩子吃，哪怕是有添加剂的面包，都不让孩子尝一口。

表姐的孩子在口欲期，正是需要被满足的年纪，只能为了妈妈认为的身体健康，给自己留下心理缺口。

和孩子的心理健康、人格发育相比，吃饭问题不值一提。

因噎废食不会是好的教育。

在尊重孩子的前提下提高厨艺

我在微博上搜索“挑食”这个词条时，发现一个很有意思的现象。

不少网友表示，不是自己挑食，是妈妈做的饭真的不好吃，长大后遇见美食，所有挑食的病都被“治”好了。

想让孩子多吃饭，我们不妨多动动心思。不爱吃胡萝卜，总有别的食品可以补充维生素，孩子对单调的饭菜没有兴趣，那就做成孩子感兴趣的样子。

在自己身上下功夫改变，而不是去逼迫孩子服从。

需要被填满的到底是身体还是内心

民族心理学上说，中国是很典型的口欲期没有得到满足的民族。

我们十分贪吃，喜欢在饭桌上谈事情，把吃看成天大的事情。

饮食的确可以带来满足感，是胃部和心理同时获得的满足。

但我们更该想一想，疯狂进食，或者非常重视孩子的吃饭问题，到底是身体需要食物，还是内心需要被填满？

挑食不是大事，把孩子挑食当回事才是大事。

那么我们不妨顺其自然，想吃就吃，不想吃就算了。妈妈努力做美食，至于你吃多少，高兴就好。

如果你跟孩子有仇，那就“穷养”吧

“穷养”孩子的父母都是什么样

微博上曾经有一个热帖，一个女孩儿通过前男友的故事，让我们重新认识了穷养背后的故事。

她的前男友是典型的穷养长大的。有一次他们去吃饭，她点了两个菜——一个鱼香肉丝，一个红烧茄子，男孩儿当时就不高兴了，拿着菜单反复看。

菜上来后，男孩儿除了挑剔难吃就是嫌菜量小，吓得女孩儿整顿饭都不怎么敢吃，生怕自己吃多了男孩儿嫌不够吃。

吃完饭男孩儿开始冲女孩儿“开炮”：“一盘茄子 25 元！你怎么吃得下去啊！我的家风是饭贵了就不吃！”

这个男孩儿的“家风”确实挺奇怪。自己家里没汽车，但老爸单位有，于是每次开单位的车都是踩一脚油门踩一脚刹车，体验费油的快感。可是为了省 5 角钱的公交车费，想方设法“骗乘”。

两个人在一起的时候，吃饭、买衣服都是女孩儿掏钱。女孩儿生病了让男孩儿帮忙去买饭，男孩儿竟然坚持说自己不饿，直到女孩儿拿出 100 元钱，男孩儿才改口说“饿了”。

男孩儿虽然没什么钱，可一直怕别人知道自己没钱。他本来想花 1000 元买件皮衣，却看不上一般的牌子，非要买件袖口磨毛的二手潮牌。男孩儿让女孩儿给他买机票坐了一次飞机，就告诉女孩儿要把航班和航站楼记住，省的别人以为她没坐过飞机。

这个男孩儿是真的很穷吗？应该也没有。

能偶尔带女友下馆子，买 1000 元一件的衣服，不会穷到叮当响的地步，可他的很多行为的确让人不舒服，或者说没有修养。

贫穷的确可怕，可比贫穷更可怕的是心穷，心穷的父母养不出坦荡的孩子。

父母从小教孩子要处处算计，不花钱的东西都是甜的，孩子长大后就会为了不花钱甚至做一些不知羞耻的事情。父母告诉孩子昂贵的物品不属于我们，孩子长大后一旦有了消费能力就会反扑，证明自己“配得上”。

故事中的女孩儿遇到了现在的丈夫。丈夫家庭条件也不是很好，但懂得尊重女性，秋裤破了自己补，也从来不追求潮牌，买东西更看重性价比。

同样是家庭条件不太好，一个吝啬丑陋，一个优雅踏实。

穷养的本质并不是有钱没钱，而是父母如何看待贫穷与富有，如何给孩子恰如其分的教育。

贫穷最大的副产品是不安感

我相信经济发展到今天，大家已经步入全面小康社会。真正穷到要穷孩子、苦到要苦教育的家庭应该不会很多。

可很多家庭依然奉行“男孩儿穷养，女孩儿富养”，刻意给孩子制造成长的困境。

综艺节目《少年说》有一期，一个男孩儿说妈妈从小就给他灌输一种我们家很穷的思想，让他一度以为自己可能下一顿就吃不上饭了。

有时候买一支笔，都要跟妈妈软磨硬泡好久。

后来他才知道，原来家里只有他一个人过着苦寒的生活，妈妈每天去做美容，爸爸每天吃大鱼大肉。

男孩儿站在台上说的时候，台下的人都笑得不行。

但我并不觉得好笑，尤其当男孩儿说出“我经常觉得自己吃不上饭”，那种无助与不安的感觉令人心疼。

妈妈可以告诉孩子，你以后还是要勤俭节约，妈妈做美容的钱是自己挣的，你以后花钱也要自己挣。

妈妈的出发点是没错的，我们要养成勤俭节约的习惯，不能骄奢淫逸，自己挣钱自己花才是理所当然。

但是，教孩子道理的方式有很多种，吓唬威胁是最糟糕的一种。

大人也许觉得孩子只需要学习，别的事不用管。可是，孩子的世界也是一个“小社会”，他们也有脆弱的自尊心。

贫穷的可怕之处不是它本身，而是它带来的窘迫感——让人害怕别人用异样的眼光看自己。

穷到与别人不同并不会让孩子奋起直追、努力学习，只会让他们敏感脆弱、自卑谨慎。

TED 有一个关于“为什么穷人往往做出最差劲的决定”的演讲，其中提到了一个实验。

印度的甘蔗农民，每年 60% 的收入是来自甘蔗成熟时的一次性收成。这一次收成会对他们的生活产生多少影响呢？研究表明，甘蔗收割季之前，农民的智商比收割后平均少 14 分。就是说，这些甘蔗的收入足以影响一个人的智商水平。

而所谓的“不贫穷”是什么样子，又能给人们带来多大的好处呢？

演讲中同样提到一个实验。在加拿大多芬的一个小镇上，人们的基本生活有保障，吃饭穿衣、孩子教育问题不用担忧。

多年后这个小镇发生了惊人的变化。这里的人民变得富有、聪明、健康，学生成绩提高，住院率下降，连家暴事件也在减少。

这两个实验中，人们的经济水平前后相差大吗？前后的差异也就是有没有最基本的生活保障而已，可人们的变化却如此之大。

因为贫穷会让人“想得多”，花更多精力去处理琐事。而有了基本生活保障之后，人也就有了安全感。

大人与孩子的感情共通，让大人缺乏安全感的处境也会让孩子缺乏安全感。

让孩子“穷”可能是见不得孩子快乐

孩子的成长需要一种确认感，他们需要确认自己生活的环境安全稳定，需要确定自己最基本的生存有保障，也需要确定自己足够优秀、值得被爱。

孩子有了这种确认感就能确认自己优秀，不需要从他人的眼光中获得赞同。

而那些刻意穷养孩子的家庭，在告诉孩子贫穷的同时，不知不觉中可能也在向他们传达“你不配”这个观点。他们则需要付出很多的努力，才能告诉别人也告诉自己“我配得上好的一切”。

父母为什么喜欢穷养孩子，或者给孩子制造各种挫折？

因为如果孩子过得不顺利，父母就有指手画脚的权利；可如果孩子过得很快乐，父母就会无从下手。也可能父母小时候是在贫穷窘迫中长大的。

如果父母性格健全，他们可以把孩子看成独立的个体，希望看到孩子快乐。

可如果父母把孩子当成“潜在竞争对手”，他们内心的某个角落就会被触动。那个角落可能是他们自身被压抑的痛苦与尴尬。他们潜意识里会问自己也问孩子——我都没这么轻松满足过，你凭什么拥有？

家长希望让孩子“苦中作乐”，是希望通过这种方式控制孩子。

父母本身是匮乏的，他不知道如何应对孩子的快乐。

金钱也象征着一种债权关系。父母用钱来控制孩子的生活，就是告诉孩子，我可以支配你的生活，你欠我的。

在我们传统的观念里，父母认为男孩儿应该穷养，是希望通过贫穷的生活让男孩儿获得责任感，将来能够撑起家庭。

如果这个时候孩子无忧无虑地长大，家长就会很无助。孩子以自己没有见过的方式长大，或者孩子以与传统观念不同的方式成长，这条路是家长不可控的。

我们可能有很多理由让孩子苦一点长大，可那都是在说服自己，本质上是我们见不得孩子轻松快乐，只能以“挑毛病”“教化他们”的方式控制孩子，获得自己的满足感。

孩子的成长需要挫折，但那并不意味着父母要刻意制造挫折，强调“父母挣钱不容易，都是为了你”，期待孩子能够感恩。

这种被强迫的感恩只能在孩童时期起作用，等孩子长大之后，他们会憎恨自己，恨那个本该感恩却完全感动不起来的自己。

前两年有一档很流行的综艺节目，叫《变形记》，节目是让有钱人家和穷人家的孩子互换家庭生活。穷人送孩子参加节目是为了让他们见世面，有钱人送孩子去则是为了改造他们，让那些不独立、没有礼貌、不好好学习、沉迷于网络的孩子变成一个好孩子。

自己教育不好孩子就希望贫穷来教育，这不是很可笑吗？这种穷养，这种挫折教育，真的能起到教育的作用吗？

那只不过是父母站在强权的一方，拿捏着孩子的命运，希望他的人生可以悲壮一点，这样自己就能拯救孩子了。

孩子明明可以正常长大，却非要被威胁拿捏着成长。即使这种穷养能“改造”孩子，可他们真的是由衷地改变吗？

单纯强调穷养富养是教育的无力

这个世界上永远有穷人和富人，也永远有好孩子和坏孩子。

真正能给一个孩子造成影响的不是穷富本身，而是他们如何应对物质与精神的贫富。

单纯强调物质的穷养会让孩子自卑、敏感，他们可能因为自己没有一双白球鞋而错过挚爱的姑娘；

单纯强调精神的穷养，刻意制造挫折让孩子“吃得苦中苦”，会让他们对生活充满恐惧，缩手缩脚；

单纯强调男女不同，不仅是性格偏见，也会给孩子造成不良影响。男孩儿需要见世面，女孩儿需要内心强大。

朋友韬哥给我讲述过他上初中时的一件小事。当时他想报一个乒乓球兴趣班，在那个年代花 1500 元报一个兴趣班是一件奢侈的事。

他家的条件一般，不能说完全拿不出钱，但也略显捉襟见肘。

因为这笔钱不是小数目，妈妈问他是真喜欢吗？想知道他喜欢的程度。

他跟妈妈滔滔不绝地讲述了中国乒乓球的形势，以及自己打球时的专注和兴奋，他现在还记得当时眼睛里的那种光芒。

妈妈说可以给他报这个班，但他自己也要拿出一部分过年的压岁钱，并在每个月的零花钱里扣除两元钱。

现在的他没有成为乒乓球专业选手，也没有突出的造诣，但这是他多年来的爱好，从来没有间断。

他通过这事情明白了两个道理——第一，爸爸妈妈是自己坚强的后盾；第二，想要的东西要用钱去买。

从小就要跟孩子谈钱，要以教孩子对待金钱的态度教他们面对人生的态度。

“感谢贫穷”的北大女孩儿王心仪，家境非常贫寒，母亲卧病在床，父亲一人做农活养活一家六口。可是父母从小教他们兄弟姐妹自信乐观，靠双手的力量创造未来。

她说：“尽管贫穷刺伤了我的自尊，但仍想说谢谢你！我不相信手掌的纹路，但我相信手掌加上手指的力量。”

人穷志不穷的父母永远不会穷养孩子。

人不穷却志短的父母才会让孩子心穷。

穷养本身就是一个伪命题。我们可以让孩子独自面对生活的磨难，让他们独立成长，但完全没有必要刻意穷养。

家里有什么条件，就应该以什么条件去养育孩子。有钱没必要装穷，没钱更不能让孩子奢侈。

我们应该让孩子知道，穷也好富也好，我们跟别人家没有什么差别。挣钱的确不是一件容易的事情，可它却真的能帮我们实现自己的价值，也能让生活变得舒服一点。

教育本身就是一件顺其自然的事情，刻意强调什么也许是我们害怕什么。

第5章

重拾婚姻：没有好婚姻，哪来好孩子

和什么样的人结婚早有征兆

责任感和爱的能力由成长足迹决定

我一直觉得，即使我们做了别人的爱人，做了别人的父母，每个人依然是孩子。在做父母这件事上，人是“被迫营业”，被迫成长，在结婚上也一样。

谈恋爱是一种感觉，大不了就尝试一下，最后无疾而终，但结婚不一样，我们选择了一个人，就会抱着相守一生的想法。

一个人可以谈无数次恋爱，但很难结无数次婚。婚姻可真是一个炼金炉，把一个人最本真、最不堪的一面炼出来，再让两个“赤裸相对”的人报以微笑，相扶到老。

在中国传统观念里，孩子成年了就应该长大了，就应该具备责任感和爱的能力。可是，这些能力根本不是年龄而是阅历赋予的，由人的成长足迹决定。

婚姻最初也不过是两个“孩子”的结合，他们也许心怀坦诚，也许满是憧憬。在结婚典礼上，当着所有亲友的面，许下最“狠”的誓言——无论贫穷、富有，健康、疾病，都愿意永远在一起。

就这样，两个人说着都信以为真的话走入了婚姻，走着走着突然发现，婚姻生活真是太累了。即使可以说婚姻是我们一次又一次爱上对方，那这也和一次又一次谈恋爱不同。谈恋爱尚且有空窗期可以调整一下，尚且可以换个人有点新鲜感；可结了婚就不一样了，再生气再厌恶，也只能忍住，只能转头给对方一个笑脸。

我们像孩子一样，带着一些孩子气，又必须装成大人的模样，扮演懂事、稳重；想要索取、攻击，却又不得不付出、忍让。

在孩童与大人的身份交错中，婚姻的很多矛盾就产生了。

理想中伴侣的原型

人的一生会有两次新生和两个家庭。第一次新生，我们降生在原生家庭；第二次新生，我们组建了自己的新生家庭。这两个家庭和两次新生又有着千丝万缕的联系。

所以说，不管是自我成长还是教育孩子，原生家庭的烙印都是不能绕过的问题。

婚姻是两个“孩子”之间的事，我们都希望自己孩童时期的愿望能在对方身上实现。

当我们还是小孩子的时候，如果有人给了我们一块糖——一块很甜的糖——长大后就希望找到一个类似的人，总是给我们糖果。

如果我们小时候经常被给予糖果，那种持续甜腻的感觉令人厌烦，长大后我们就倾向于寻找一个有距离感、不那么频繁给糖的人。

那么，我们在寻找伴侣的时候并不是大海捞针，去“遇到”合适的人。而是我们内心早就有了这样一个原型，只不过是苦苦寻觅那个类似于原型的人罢了。

我们理想中的伴侣以理想中的父母为原型。注意，这不是真实的父母。我们在成长中发现了父母的缺陷，对他们产生不满，在和内心较量的过程中产生了一个理想父母的原型。

《红楼梦》中，贾宝玉和林黛玉的缘分起源于那句“这个妹妹我好像见过”。抛开前世绛珠仙子报恩神瑛侍者这个原因，贾宝玉爱上林黛玉还有一个原因，就是她与自己理想的父母很像。

贾宝玉的父母对他有一个期待，就是他能够熟读圣贤书，考取功名。可那些八股文、那些道貌岸然的人都是他所厌恶的。

他理想中的父母不逼他做不喜欢的事，能欣赏他遗世独立的人格与吟诗作对的才华，所以贾宝玉喜欢林黛玉，不喜欢劝她考取功名的薛宝钗。

有一次史湘云拿他逗趣，说：“如今大了，你就不愿读书去考举人进士的，也该常常的会会这些为官做宰的人们，谈谈讲讲些仕途经济的学问，也好将来应酬世务，日后也有个朋友。没见你成年家只在我们队里搅些什么！”

说完宝玉就恼了：“姑娘请别的姊妹屋里坐坐，我这里仔细污了你知经济学问的。”

旁边的袭人赶紧打圆场：“云姑娘快别说这话。上回也是宝姑娘也说过一回，他也不管人脸上过的去过不去，他就咳了一声，拿起脚来走了。这里宝姑娘的话也没说完，见他走了，登时羞的脸通红，说又不是，不说又不是。幸而是宝姑娘，那要是林姑娘，不知又闹到怎么样，哭的怎么样呢。”

袭人这话说得不错，要是宝玉敢冲黛玉甩脸子，黛玉不知道又怎么哭去了。但是，宝玉不会冲黛玉甩脸子，因为他知道，“林姑娘从来说过这些混帐话不曾？若他也说过这些混帐话，我早和他生分了。”

我们想想贾宝玉的父母，再看看和贾宝玉关系好的几个女孩儿——林黛玉、妙玉、晴雯，就知道宝玉心里理想父母的样子了。

理想中的父母欣赏他、赞美他，能让他自由洒脱、保持本性。

在恋爱中，我们都退回到了孩子的模样。希望用一段亲密关系修补自己的过去，把自己的种种不如意、前半生错过的情感都在对方身上弥补。这是每个人孩子气的一面，也是婚姻过了热恋期就开始萎缩的原因。

每个人都是一个综合体

我有一个朋友梦宇，父亲在她 6 岁的时候因工伤离世，母亲没有再嫁，独自把她抚养长大。母女二人相依为命，见过了世间种种沧桑。

庆幸的是，梦宇的性格不错，没有因为家庭变故而变得孤僻、敏感、自卑。

当然，这句话是我作为朋友给她的评价，可她真到了恋爱的时候就完全变了一个人。

梦宇和朋友在一起时有一点点强势，朋友也都能理解，毕竟母女两个人一起生活，女孩儿必须要强硬一点，有些男子汉的硬气，才能撑起这个小家。

但她和丈夫相处时，这种强势就变成了接近变态的把控。丈夫中午要和朋友一起吃饭，一点钟的时候，她就打电话要求丈夫必须立刻到她面前，给她妈妈干活。没结婚时，男朋友的个人时间必须都是她的，她又依恋男朋友，又想要掌控男朋友。

她的行为看起来很反常，但我们从她的原生家庭就能找到答案。她父亲生前是个很忙碌的人，不太能照顾到家里。去世后，她和母亲更是孤苦无依，拼命想要把日子过好，让别人能够看得起。

但是，一个小女孩儿努力让自己强大，让自己充当“爸爸”的角色，确实太累了。她理想中的父亲是一个有责任、能扛事、能为她遮风挡雨的人，更重要的是，“父亲”不能说走就走，留下她和妈妈过得这么辛苦。

梦宇喜欢丈夫就是因为他责任感强，乐于助人，擅长做家务事。不管两个人一起做什么，丈夫都能提前安排妥当，她可以安静地当个小女孩儿。或者说，她可以安静地当“理想爸爸”的女儿。

梦宇从小的经历让她有缺憾感，所以才会想要拼命抓住一个人。从她的角度，我可以理解她，但从她丈夫的角度，梦宇真的很残忍。

可以毫不客气地说，梦宇的婚姻是失败的。即使还在维持，那也不是因为彼此相悦，而是彼此一忍再忍，不得已而维持。

婚姻失败有很多原因，很大一部分原因是我们不认识自己，没有审视过自己的种种行径。我们总觉得自己好相处，自己没问题，却忘了看看自己的伤口和身上的利刃。

我们错误地以为，可以找到一个理想的“父母”，给予我们无条件的爱，任由我们撒娇、任性，他们都会用宽厚的肩膀迎接我们。

可是，没有人是为另一个人而“生产”出来的。每个人都是一个综合体，他有吸引我们的特质，自然也有令人厌恶的特质。更何况，对方也有自己的原生家庭，也有自己的童年创伤，他们也在汲取我们的能量，渴望我们无条件的爱。

如果我们都像孩子一样，那么这段关系就会在彼此消耗中筋疲力尽。

我们必须懂得自己是一个独立的个体，要直视自己最糟糕的地方和最渴望的情感。把对方当一个可以依偎取暖的爱人，独立又有瑕疵的爱人，而不是治愈我们的医生。

为什么会和错的人结婚

婚姻关系与亲子关系有很大的相似性，都是亲密关系中很重要的一环，我们如何对待婚姻又会决定我们如何影响孩子。

我们与爱人的情感互动方式会成为孩子的原生家庭，我们身上那些好与不好也会成为孩子的“理想原型”。

所以说，好好经营婚姻，通过婚姻的镜子认识自己和他人，是每个人的必修课。

我身边有很多女性，结婚几年后都会说自己后悔结婚，瞎了眼才找这么一个人，丝毫不记得热恋时彼此的温存。

为什么过了一段时间，伴侣就会变成讨厌的人?

因为他们身上“无条件”的爱越来越少，最初吸引我们的“理想型”特质，也被那些缺点取代。我们的潜意识会告诉自己，这根本不是那个理想中的父母，他甚至是我讨厌的样子。

那么这个时候怎么办？忍着剧痛过一生吗?

2016 年英国作家阿兰·德波顿（Alain de Botton）在《纽约时报》上发表了一篇专栏文章《你会和错的人结婚》（*Why You Will Marry the Wrong Person*），其中提到了人们会选择错误婚姻的 9 个原因。我选取了其中几个，让我们试着通过症结找出方法。

第一类原因：我们不了解自己。

我们看不到自己糟糕的一面，而更倾向于指责别人。直戳别人的痛点比戳自己的痛点要轻松很多。

如果我们不察觉自己的内心，很可能不知道自己到底需要什么，到底爱什么、恨什么。我们不知道自己有哪些问题，却习惯从别人身上找问题。

解决策略：要有审视自己的勇气，找到自己的不足。思考自己在生活中最容易发怒的点，对方最令自己难以忍受的点。真的是因为对方做得不够好，还是因为我们不足够包容？创伤是可以治愈的，但绝不能通过攻击别人来治愈自己。

第二类原因：我们不了解别人。

我在前面的章节提到过“透明度错觉”——我们总觉得彼此是透明的，对方能看懂我们，我们也能看懂对方。

每个人都是一座冰山，我们以为自己看到的就是全部了，可他们真正的内心却还在水平面下方。我们往往会根据蛛丝马迹，根据自以为掌握的去判断对方，可是，我们的“自以为是”未必推测正确。

解决策略：不如心平气和地谈谈，不带任何情绪。听起来好像很难，毕竟有的夫妻已经相看两相厌，一张嘴就是炮火，不妨喝几杯小酒，说说相遇时的美好，把彼此都当作江湖儿女，用肝胆相照的义气坦诚相待。几杯酒下肚，哭着笑着说出过往，心结也许就打开了。

第三类原因：我们不习惯真正的快乐。

阿兰·德波顿说，我们儿时对于爱的了解可能与一些不那么让人愉悦的情绪相互纠缠——被控制、被羞辱、被抛弃、缺少交流，等等。简而言之，这些感觉都是痛苦的。于是，我们长大后可能会因此拒绝一些健康的潜在伴侣，不是因为他们不好，恰恰是因为他们太好（太成熟、太善解人意、太可靠等），而这种“太好”的感觉太陌生，给人压迫感。

我们从小都在学习如何应对艰难困苦，却很少有人教我们如何面对轻松快乐。解决问题容易，没有心理负担地享受舒适却没那么简单。

解决策略：每个人嘴上都说着渴望幸福，实际上我们可能会害怕这种幸福。我们不知道怎么招架这种幸福，总觉得自己不配。所以说，想要真正的快乐，就要接受“我值得拥有快乐”这个事实，先爱上自己、接纳自己，再去大胆品尝快乐。

第四类原因：我们希望快乐永驻。

“蒹葭苍苍，白露为霜。所谓伊人，在水一方。溯洄从之，道阻且长。溯游从之，宛在水中央。”这是热恋时候的美好，可荷尔蒙是有保质期的，人生不可能永远快乐，永远怦然心动，婚姻更是如此。这些快乐时刻来临的时候，大度地去面对，但不要误以为这些时刻会永远存在，更不要想着把这些时刻变成“婚姻”。

解决策略：我们要“悲观”地面对婚姻，这样收获的就都是惊喜。

把婚姻当成普通生活，坦然面对各种问题。诚实面对生活，快乐与痛苦都是必经之路。一直痛苦的婚姻令人窒息，一直快乐的婚姻同样不现实。

第五类原因：我们错误地以为自己很特殊。

每年离婚数据公布的时候，总能引来一片唏嘘——这么多人离婚！那我必须幸福。我们总觉得自己是特殊的存在，必须要担负起幸福的责任。越是高期待，越会登高跌重。承认自己可能不幸福、自己的婚姻可能会失败是一件好事。

解决策略：如果婚姻还能挽救，那我们就需要坦诚面对自己可能不那么幸福的事实。消极一点，承认自己可能是“大数据”中的一员，心态反而会更好。如果婚姻已经无法补救，彼此都不愿意改变，只剩下折磨，那么我们可能需要一点点勇气，及时止损，敢于离开。

想要婚姻幸福，不能永远活在原型里

我们选择和什么样的人结婚，早就有预兆，那个原型在我们生命中早就建立了起来。但是，想要婚姻幸福，永远活在原型里是不行的。毕竟对方是一个独立的人，活生生的人。谁都不是一座孤岛，婚姻就是一片你挨着我、我挨着你的陆地，两个人融合又独立才是最好的状态。

拥有幸福的婚姻也就意味着拥有幸福的家庭和健康的孩子。

我见过太多的父母，学了各种育儿技巧，特别是当妈妈的，恨不得把心掏出来给孩子，却不愿给丈夫好脸色。试想一下，孩子在这种家庭长大，他会健康吗？

自我成长和婚姻成长是亲子教育的“预科班”，提前做好预习，再去给孩子创造成长环境。

爸爸的重要作用是平衡妈妈

爸爸在家中扮演着非常关键的角色

自从学习了婚姻家庭与亲子教育课程，我开始观察身边各种家庭。我发现了一个比较有意思的现象，就是有的妈妈是焦虑妈妈，具有“中国式妈妈”的典型特征，但她孩子的性格还算健全。这是为什么呢？

因为这些孩子的爸爸平衡了妈妈带来的负面影响。看待家庭问题时，我更喜欢用“家庭系统”这个词，因为家庭教育不仅是孩子和养育者的问题，它是一个系统，包含每个成员及成员间的关系。

而现在多数家庭还延续着“男主外女主内”的传统——爸爸负责挣钱，妈妈负责孩子教育，孩子一旦不优秀了，那就是妈妈没教好。

这种思想大错特错。一方面是责任过于倾斜，导致妈妈承担的期待太高，她们一不小心就会走上“完美妈妈”的路子，给自己和孩子都造成巨大压力。另一方面是爸爸在影响孩子、缓解妈妈情绪方面也扮演着非常关键的角色。

我有个姑姑有点奇怪。她有一句名言“十分亲情都不如三分怕情”。她总是跟别人炫耀自己的孩子有多么乖、多么“听话”。她有两个杀手锏，一个是事无巨细地管，孩子吃多少饭她都要提醒；另一个就是情感绑架，跟孩子说父母赚钱多不容易，你们一定要听话、要争气。

按理说，孩子在这样的环境下应该会成为软弱的“妈宝”，但出乎意料的是，她的两个孩子都还不错——虽然没有那么活泼灵动，但待人接物都非常成熟稳重，有自己独立的思想，成绩也不错。

很多亲戚都羡慕她养出这两个成绩不错又“听话”的孩子，典型的“好宝宝”。他们都模仿她“控制＋绑架”的做法，可孩子到了青春期都叛逆得不行，有的甚至逃课打架、厌学逃学。

同样的方法，为什么有的家庭行得通，有的家庭却不行呢？

虽然我姑姑在外面很“威风”，但我姑父在家里却更有话语权。姑父没有学历，白手起家，成为企业高管，孩子非常敬重他。姑父靠自学成才走到今天，所以他身上还拥有很多坚韧的品质，给孩子做了非常正面的榜样。在教育孩子方面，再忙也要给孩子检查作业、参加家长会。他还鼓励孩子要有自己的想法，多学习，多读书。

所以说，虽然姑姑是个控制型的妈妈，但也只是在生活习惯上给孩子造成了影响，比如她的两个孩子长大后严重挑食，但在性格与学习上，两个孩子受父亲的正面影响更大。

虽然妈妈的控制与绑架会对孩子造成一定影响，可这种情况已经很不错了，不是吗？

这世界上不可能有完美的孩子，尽可能培养出性格健全、乐观阳光的孩子就非常难得了。不要求父母给予的养分十全十美，只要“还可以”就可以了。

如果孩子还具有善于学习的品质，他们成年后会试着察觉自己的内心，察觉自己的原生家庭，并学会自我疗愈。

我们不能要求所有的家庭、所有的父母都是高水平、高智商、懂教育。只要整个家庭系统是平衡的、协调的，孩子就能正常长大。

现实生活中，女性比较细腻，所以妈妈多少都会有些紧张焦虑，同时，爸爸又是缺位的，参与照顾孩子的时间少，孩子生活在一个失调的系统中，很难成长得正常。

爸爸在养育方面一般会逊色于妈妈。可是没关系，只要能起到平衡妈妈的作用，这个家庭就可以风雨同舟。

教育是一个家庭的事

前两年《少年派》这部电视剧很火，在看该剧前，我通过很多文章了解了剧情，大概就是有个妈妈有点“变态”，孩子上高中了，是否大便她都要管。

那么，她的孩子是怎样的？带着这份好奇，我去看了这部电视剧。

闫妮饰演的王胜男是高中生林妙妙的妈妈，一度成为“二十四孝”老母亲、控制型老母亲的典型。她的确挺爱管事——孩子洗手要洗两分钟，要和成绩好的同学玩儿，女儿生理期，她要给生活老师和班主任分别打电话，让她们提醒孩子……

她永远在唠叨，永远盯着孩子。

有人说她“变态”，有人说她“毁了孩子”，有人说她“忘了自我”。

我承认她不是理想中的完美妈妈——走路带风，拥有自我，活得漂亮。可生活中又有多少完美妈妈？我不忍心责备她，因为她太真实了，真实得就像我们身边的大多数妈妈，真实得就像你、像我。

大多数妈妈不会像有些新闻中那样极度控制孩子，把孩子逼到跳楼；也不会像某些电影中那样活成人生赢家。

80% 的妈妈都像王胜男——希望孩子飞得高，又怕他们会摔下来；希望他们有成就，又怕得意忘形；希望他们享受孤独，又怕走向抑郁；希望他们生活幸福，又担心遭遇不幸。

她们通过唠叨、干涉来缓解内心焦虑，这一类妈妈被称为“中国式妈妈”。

武志红说，有些家长的焦虑是通过管孩子来转移的。

家长太焦虑了，实在不知道该怎么做，所以只能发泄到孩子身上。

诚然这样的控制是不对，但我们再想另一个问题——尽管 80% 的家长都这样，为什么不是所有的孩子都是“妈宝男”“妈宝女”？

答案还是那句话，因为他们有爸爸。

《少年派》里面，虽然王胜男如此爱控制，如此“变态”，可女儿林妙妙乐观、幽默、勇敢、乐于助人，拥有很多优秀的品质。

为什么她在“压抑”的环境中能成长得很好？

因为她有一位很开明、很通透的爸爸。妈妈承诺了进步奖，妙妙很努力地达到了要求，可妈妈却怕她骄傲，没有全部兑现。林妙妙很生气，问爸爸：“你怎么给我找了这么一个妈？你一个人喜欢受虐就得了，干吗拉上我？”

张嘉译饰演的爸爸，一直都是站在女儿与老婆间的双面胶。让对方把坏情绪都“粘”在自己身上，让家庭维持在微妙的温馨中。他会告诉妙妙，你妈妈年轻时英姿飒爽，很帅；你妈妈是想要你好，又想让你轻松些。他还会拿出一张时间表，告诉女儿，你陪伴爸爸妈妈的时间其实越来越少了。

他也会告诉焦虑的妻子，你差不多就行了，管得太多容易让女儿逆反；你有气冲我发，别冲着孩子。在别人跟他吐槽的时候，他明白老婆是保值品，为家庭付出了很多，好东西都是有脾气的，所以更要哄着。

教育从来都不是一个人的事，而是一个家庭的事。一位通透的父亲足以缓解焦虑母亲带来的影响。

家庭责任，共同承担

在这个教育问题被神化的年代，妈妈这个身份也被神化了。

“妈妈的态度决定孩子的一生。”

“妈妈的情绪是一个家庭最好的风水。”

“妈妈对了，一个家庭就对了。”

这种思想无疑是对妈妈的绑架。妈妈是很重要，但不起决定性作用。如果妈妈做得不那么好，请看看爸爸又做了哪些。家庭系统失调绝对不是一个人的错。

谁不想每天好情绪，谁不想每天笑得像朵花，可生活有时候真让你笑不出来啊。

我记得很清楚，有一次和朋友去看演唱会，结束后已经是夜里11点了。那是一个夏天，我们两个“妇女”正好想趁此机会放纵一下，于是我们来到烧烤店，打算喝酒吃肉聊人生。

可一进门就发现几乎全都是男人。

服务员给我们点餐的时候，还问了一句：“你俩是不是没孩子啊，不用在家带孩子吗？”看吧，男人在外面喝酒放松是正常的，女人就要接受质疑。

其实家庭的养育者之间应该是种合作关系。可以想象，如果我们的工作团队里有一个“甩手掌柜”，净把责任推卸给其他团队成员，那这个团队还能发挥到最好吗？其他成员会没有怨气吗？

答案是否定的。

孩子在家庭中，除了学习每个养育者的品质，还会学习彼此的合作精神。家庭不和谐，或者有一位养育者缺席的话，他们长大后就很难与人合作，不管是在工作中，还是在情感问题上。

所以说，爸爸千万不要想着，自己只要往家里挣钱就够了。现代女性也有挣钱的能力，而且不比男性少。家庭责任本来就该共同承担。

父亲缺席是孩子一生的遗憾。父亲带给孩子的品质影响、情商教育等是妈妈很难取代的。

父亲和母亲，缺少一个都不行

孩子在生命早期确实跟母亲更亲近一点，毕竟母亲怀胎十月，在养育方面也更加细心。这个时候，爸爸是不是就可以偷懒了？

虽然爸爸在带娃上逊色于妈妈，却不可以就此撒手不管，觉得自己做不好就不去做。即使喂奶、喂辅食这些事做不来，至少爸爸也可以安慰妈妈。

女性真的很坚强，身体上的劳累，我们可以忍受，最怕的是辛苦又“心苦”。

我还在哺乳期的时候，女儿吃夜奶很频繁，我经常揉着惺忪的双眼，挣扎着起来喂奶。丈夫总会跟我一起挣扎着起来，问我一句：“需要我帮忙吗？”

他是睡眠质量非常好的那种人，当我回答不用后，他可以一秒入睡。但就是这样一句“需要我吗”，可以给我巨大的温暖。

有些事，他的确是帮不上忙，但不代表真的没他的事。他有这个心意，我就会觉得暖暖的。同样是起身喂奶，枕边人呼呼大睡和枕边人体谅你的艰辛，哪种情况更能疏解妈妈的情绪，答案不言而喻。

在孩子生命早期，爸爸觉得插不上手的时候也要尽量插手，能扫扫地、刷刷碗、洗洗尿布，就多做一些；能多安慰一下妻子，就多安慰一下。过年过节，能有个小惊喜就不要吝啬仪式感。

这些小事并不难，却能产生巨大的作用。这其实是在告诉妻子——我们在一起，我时刻想着这个家，我们在并肩战斗。

等孩子到了 3 岁以后，喂养工作没有那么烦琐了，爸爸就应该完全参与进来，陪伴与教育孩子。

在这里要强调的是，妈妈要把亲子关系延伸到爸爸身上。这是一个非常重要的转变。如果妈妈还是“手握大权”，认为自己为孩子付出了太多，把孩子当成权力斗争的工具，那将是很危险的事情。

有的妈妈很喜欢把孩子当工具。她们觉得丈夫没有为家庭付出什么，孩子要是跟丈夫亲近就是对自己的“背叛”。于是，她们会跟孩子说爸爸的坏话，这样孩子就能永远跟自己亲近了。夫妻之间形成对峙，隐形斗争，孩子在当中又痛苦又纠结。

父亲和母亲对孩子的作用是不同的，缺少一个都不行，真的没有必要争夺。妈妈甚至还要帮助孩子亲近爸爸，多说爸爸的好话，尤其要描绘爸爸的能量与力量，给孩子营造“爸爸是超人”的印象。

孩子多跟爸爸亲近，男人的宽厚格局就会被孩子感受到。相比于女人，男人多少会宽阔一点，没有那么斤斤计较，在为人处世方面会给孩子不同的体验。

男人多陪伴孩子和妻子，就是在调和家庭系统。爸爸缺席会给家庭带来灾难，在位的爸爸是家庭系统最好的润滑剂。

只爱孩子，不爱伴侣

父母都爱孩子，就够了吗

一个人快乐或不快乐是由什么决定的？答案可能有很多，但我认为一定跟他的家庭有关系。

我们常常听说一些比较爱折腾的人，家庭条件很好，有房有车有钱，事业有成，可他就是感受不到快乐。如果你追溯他的历史，一定会发现他有一个灰暗的童年。

电视剧《小欢喜》中，乔英子就是这样的人。一位在重点高中排名靠前的乖乖女，却在高三那年因为抑郁症而跳桥。

当时网上很多人说，乔英子真是太不知足了。爸爸是大老板，妈妈手握好几套北京学区房，又是辅导机构的金牌导师；在北京重点高中上学；在其他省份的学子都埋头苦读的年纪，她却可以享受双休和丰富的课外活动，已经是人生赢家了，为什么还会抑郁呢？

因为她父母糟糕的关系让她只能在夹缝中生存。她家里看起来岁月静好，其实暗流涌动。

爸爸妈妈不仅离婚了，还互相攻击。妈妈一周只让她见爸爸一次，还要规定时间，规定不能吃什么。但是，爸爸为了抓住短暂和女儿相处的时间，不得不投其所好，带女儿吃辣火锅，逃课玩儿乐高。

虽然爸爸口头没有说过妈妈不好，可他却跟前妻对着干，用行动表达不满，显示与前妻抗衡的力量。

当妈妈发现女儿跟爸爸亲近时，她很崩溃："你爸爸他有什么好啊？你长这么大，他为你做过什么啊？你是妈妈一个人带大的啊！"

因为妈妈婚姻不幸，于是开始把精力放在了女儿身上。她辞去学校的工作，去辅导机构任教，只为能照顾女儿的一日三餐。她把女儿的日程安排得满满当当，给女儿计划好每天学什么。

从老师的角度看她是一名好老师，但是从妈妈的角度看，她拼命抓住女儿，控制住女儿，只会把女儿越推越远。

结果就是乔英子的爸妈非常爱她，都用自以为最好的方式爱她；乔英子也很爱爸爸妈妈，但她只能小心翼翼，察言观色。她想和爸爸靠近，却觉得背叛了妈妈；她想和妈妈靠近，又会被妈妈刺伤。她只能在中间位置，寻求暂时的平衡。她也一直安慰自己，等考上大学就好了，我去最远的地方，离开他们我就幸福了。所以，当她知道大学梦碎的时候就彻底崩溃了。

也许普通家长想到的是，怎么让乔英子情绪恢复正常，让她的成绩回到巅峰。但从心理学的角度看，问题根本不在于学习。以这个孩子的基础，她完全可以回到状态，找到学习的感觉，但她最大的问题是，长期生活在复杂的家庭，心力交瘁。

电视剧里有一个细节，我印象非常深刻。有一次，乔英子和爸爸吃饭的时候，爸爸的女朋友小梦阿姨也在。爸爸提议要照相，小梦都准备好了姿势，可爸爸只顾着给自己女儿照相。自然，小梦阿姨的脸色就变得不好看了。

就是那么一个表情，乔英子瞬间就捕捉到了，赶紧帮爸爸打圆场。一个还没成年的孩子，早早就学会了察言观色，这是多么可怜又可悲的事情。

乔英子的爸爸妈妈都非常爱她，但她却汲取不到家庭的幸福感。

我在前面的章节就说过，好的家庭是一个家庭系统，而不是干巴巴的几个人。孩子需要确定自己生活的环境是安全又稳定的，否则她只会通过牺牲自己的方式，换取家庭的稳定。

可能父母觉得大人的事跟孩子没关系，但生活在同一个屋檐下，有人情绪不好，怎么会没有察觉呢？

心理学家李子勋说，好的教育就是好的家庭氛围。

我并不是要求所有家庭从来不吵架不红脸，那是不可能的；但要有一个度，有一些约定，不能让孩子经常处于纷争中。

如果夫妻关系好，那就相亲相爱，不要当着孩子吵架；如果夫妻关系不好，双方就都需要做出努力，比如学习怎样有效沟通，或者寻求专业人士帮助，重要的是明白改变自己的必要性；如果一方或双方就是不愿改变，真到了无法调节的地步，那么不如好聚好散，宁可“好好离婚”也不“狠狠坚忍”。

伴侣缺位，孩子“越位”

在《小欢喜》乔英子的家庭中，还有一个值得反思的细节，就是妈妈把焦点转移到了女儿身上——本应是丈夫给她的安全感，需要女儿给予；本应是丈夫给她的包容，也需要女儿给予。女儿就充当了一个很复杂的角色——又是女儿，又是“丈夫”。

这也是父母一方缺位后很容易产生的畸形家庭关系——妈妈与孩子形成难以分离的“虐恋”。类似的畸形关系还会产生“妈宝男”和“妈宝女”。

我见过一个爸爸长期暴打妈妈的家庭，那个男孩儿目睹着暴力长大，他非常恨自己的爸爸，甚至在日记中写道：“我想杀了我的爸爸，这样妈妈就不会受伤害了。”他也非常顺从自己的妈妈，经常陪妈妈逛街，过节时即使不想着女朋友也会给妈妈送礼物。

在这个家庭里，男孩儿在某种程度上把自己当成了妈妈的“丈夫”——他要保护妈妈、陪伴妈妈，抵触那个伤害妈妈的“坏人”。

这种关系听起来很畸形，却很常见。孩子是非常敏感的，他们为了家庭愿意牺牲自己，奉献自己，他们会对妻子说“我妈不容易”，可不应该是爸爸心疼妈妈吗？

阿德勒在《自卑与超越》(*What Life Could Mean to You*)中指出，我们生活在这个世界上要承认三件事。第一，我们必须在地球上生活，不可能跑到月球或火星上。那么，我们就必须为自己所处的环境奋斗，以坚韧不拔的毅力创造出属于自己的成就。第二，这个世界上除了我们还有别的人类，所以我们必须与他人建立良好的关系，这样才能在群体中正常生活。第三，人类分为男人和女人，所以我们无法回避爱情与婚姻。

这三件事也存在于家庭中。我们必须承认，我们共同生活在那个房子里，所以要为这个称为“家”的地方发挥出自己的价值。我们必须承认，这个家里除了我们还有别人，所以我们要尽可能与他们和平共处。我们必须承认，这个家里有男人有女人，他们有不同的性别特征，也有不同的性格特征。

这几点听起来好像谁都知道，可你仔细思索后就会发现，这些是我们逃脱不掉的事实，也是我们必须面对的环境。

尤其是第三点，一个稳定的家庭要有男人和女人，如果没有了怎么办？那就只能有人替代，保证“有男有女”这个事实。

我有一个闺蜜，她性格很像男孩子，我和朋友们都觉得她挺幸福的。她是家里的独生女，家庭条件也不错，结婚的时候，她妈妈让她大胆寻找爱情，房子车子爸妈早就为她准备好了。

她的丈夫对她很好，住着我闺蜜她爸妈提供的房子，两代人生活在一起。孩子出生后，她妈妈帮着带孩子。

从外在条件来看，她简直是人生赢家啊！

但是，她却经常跟我哭诉和老妈的关系。她和丈夫关系很好，但妈妈经常告诉她“男人没有一个好东西”；妈妈也非常喜欢控制她，她想坐公交出门，妈妈就说公交太挤；她想开车出门，妈妈就说开车费油。

她妈妈还有一个要命的毛病，就是喜欢买东西，同一件衣服，她能买 7 个颜色；一模一样的大衣，可以买三五件。就连家里的工具箱，都是买 3 个。

虽然家里有钱，但这种无谓的浪费也成了家庭矛盾的来源。闺蜜经常因为这个跟妈妈吵架，最后的结果是母女两人坐在沙发上各哭各的。

有朋友说她们家在演喜剧，也有人说她们家就是太有钱了。

但是我觉得与钱无关。她妈妈买了东西后几乎都不用，穿衣服也是穿那固定的几件，她买东西不是因为生活需要，而是心理需要。她渴望那种“得到”的感觉，只有通过购物能得到。

说到这里，估计很多人已经猜到了，闺蜜的老爸“缺位”，主要的功能就是赚钱。老两口年轻时关系就不好，常常因为生意理念不合而吵架。时间久了，闺蜜的爸爸觉得妻子不可理喻，感受不到家庭的温馨，就一心扑到挣钱上。闺蜜的妈妈因为丈夫的缺位，只能通过控制女儿和疯狂购物来弥补内心的缺口。

而我闺蜜呢，只能牺牲自己，甚至她都没有察觉到，自己有男孩子般的性格是因为充当了家里的“男人”。

如果我闺蜜是个男孩儿，在这样的家庭里，未来婆媳关系应该也不会很好。

在潜意识层面，这个男孩儿在充当妈妈的“丈夫”。妈妈也把儿子当成自己“托付终身”的人。如果儿媳妇出现，就是跟自己争夺“丈夫”，婆婆就会攻击儿媳妇。

这也是闺蜜很不理解的一个问题，妈妈为什么总是诅咒她的婚姻。

很多婆媳争端的来源，并不是婆婆在争夺儿子，而是在争夺“丈夫”。这种层面的“三角恋”，当事人不会察觉问题的来源，却真的头疼。

每个人都有属于自己的角色。在家庭分工中，有一把承担着责任的椅子，如果一个人同时坐着两把椅子，那他就可能在两种角色中挣扎，承受压力与无奈。

纷争中的孩子不是傻子

中国人民公安大学教授李玫瑾在一次讲座中提到一个非常有意思的话题。有家长问她，孩子到了找对象的年纪，怎么判断带回家的人能不能托付终身。李玫瑾教授提出两点建议：

第一，和那个孩子谈论一下他们家隔代的老人。如果老人岁数很大还都健在，一方面说明基因好身体棒，还有一方面就是说明子女孝顺伺候得好。孝顺的父母养育出来的孩子，至少是心地善良知道感恩的。

第二，看看那个孩子谈起自己家庭时的态度。如果一个人说到自己的家庭时充满阳光、充满欣喜，那说明他的原生家庭很健康。相反，如果一个人都不愿意提及自己的原生家庭，那肯定是有创伤的。至于这个创伤会体现在生活哪些方面，就不得而知了。

李玫瑾教授一直从事犯罪心理学研究，见过无数青少年犯罪的案例，她得出的这两条结论也值得我们深思。我们不妨扪心自问，我们给孩子创造的环境，我们给孩子的原生家庭，他们将来会从容地谈起吗？爸爸妈妈会是他的骄傲吗？

并不是给了孩子多少钱，为孩子牺牲了多少就是爱，那些付出只是感动自己，并没有感动孩子。这也不是说孩子“没良心”，而是他们珍视的东西和我们所以为的真的不同。

父母互相攻击的时候，孩子都看得见。他们会担心爸爸妈妈会不会离婚，自己会不会就没有家了。家给他们带来安全感，父母不和就是破坏孩子的安全感。

可能我们会经常跟孩子说这样一句话：“这是大人的事，你好好学习就行了。”

学习也是一种生活。生活状态不好，他们的关注点很难聚集在学习上。

我记得上初中时，爸妈经常为一个亲戚家的事情担忧。亲戚家两口子离婚了，他们的孩子本来学习很好，自从得知父母离婚，成绩一落千丈。大人一直在说，大人离婚跟孩子有什么关系，不会少孩子吃少孩子穿的，好好学习不就得了吗？

如果孩子是机器人或小猫小狗，只有最基本的生存需求，有饭吃有衣穿就可以快乐，那一切就简单了。

孩子毕竟是活生生的人，成年人的需求，他们都有。我们有的复杂想法，他们也有。只不过，大人与孩子所看重的不一样。孩子也许觉得一双球鞋重要，而大人只觉得房子车子重要；孩子觉得父母关系和谐重要，大人却觉得挣够了钱最重要。

为了给孩子一个完整的家庭，很多感情已经破裂的夫妻会选择将就。只爱孩子不爱伴侣，这对孩子来说根本不公平，因为没爱的家庭养不出有爱的孩子。

在综艺节目《奇葩说》中，有一期辩题是“父母该不该等孩子高考之后再离婚”。现场的观众有50人是中老年父母，还有50人是年轻人。几乎所有父母都坚定地选择“要等”，而所有年轻人都选择“不要等”。

更令人感动的是，不管辩手说得多好、多感人，这50名父母都没有松口，依然坚定地选择“等孩子高考完”。

一开始，我很生气，为什么他们这么没有自我？到后来，我却很感动。那个年龄的父母的确没有自我，但愿意为孩子牺牲一切。因此，他们怎么可能为了自己的幸福去冒孩子高考失利的风险？

可怜天下父母心，这种牺牲令人太感动，也令孩子无力挣扎。

我们愿意为孩子做这么多事情，为什么就不愿意为了孩子做好自己呢？为什么就不愿意为了孩子经营好夫妻关系呢？

家庭成员健全不是幸福的答案，关系健康才是。

多年之后，希望我们的孩子谈到自己的家庭时，眼角都能写满骄傲，嘴角都能写满笑意。

“你跟你爸一个样”

到底是在诋毁伴侣，还是在诋毁孩子

现在很多育儿文章都会传达一个概念：爸妈相爱才是一个家庭最好的“风水”。是啊，想想那种一家人其乐融融的画面，就觉得十分温馨。

一个情绪稳定、关系和谐、每个成员都元气满满的家庭，不需要刻意去学习什么教育方法，家庭本身就是最好的教育环境。可现实情况是这种爱意满满的家庭少之又少，情绪稳定的人也没有多少，绝对的和谐家庭很难在生活中实现。

我们不可能要求夫妻都像偶像剧里一样相亲相爱。当然，能做到这样，能遇到一个这样的人是最好的。如果做不到，如果没有遇到，

我们至少要维持家庭关系和谐，尽可能悦纳对方。

关于夫妻关系如何调和，我在后面的章节会讲到。现在我重点说一下那些把孩子当武器、诋毁对方的夫妻。

“武器”“诋毁”这样的词语好像很严重，可我们却经常这样做。就比如很常见的一句话“你跟你爸一个样”，这句话就是一把锋利的刀，直接插入孩子的身体。

当一位母亲脱口而出这句话时，她内心其实已经崩溃了。她撕裂了自己和丈夫的关系，撕裂了孩子对爸爸的崇拜，撕裂了孩子眼中的自己。

这句话到底是在诋毁伴侣，还是在诋毁孩子呢？实际上，它在毁灭孩子心中“爸爸”这个伟岸形象。

每个人的脑海中都有理想的父母形象。理想中的妈妈温柔慈祥，充满温暖；理想中的爸爸，高大伟岸，充满力量。

真实父母的形象与理想中的形象越接近，孩子越能感受到幸福。

最可怕的是，孩子在小时候，最爱的妈妈用一句“你跟你爸一个样”毁灭了父亲的形象。

我们常说爸爸对孩子的成长非常重要，因为爸爸是孩子成长的标杆。

很多伟人、优秀的人没有父亲，由母亲一手带大，但这并不影响他们优秀，也不影响他们的阳刚之气。为什么？

因为母亲给他们塑造了一个伟大的父亲形象，让他们知道自己的父亲很厉害；虽然见不到他，可自己要成为和爸爸一样优秀的人。

如果妈妈总是诋毁爸爸，孩子也会跟着对爸爸产生不满。再加上一句“你和你爸都不是好东西”这样的话语，孩子对自身的认可也随之崩塌。

婚姻是夫妻两个人的事，却会对孩子产生非常重要的影响。孩子小的时候不懂大人关系的错综复杂性，他们只希望爸爸妈妈都是很厉害的人，家人能彼此相爱。

孩子的愿望就是这么简单，我们又何苦毁掉孩子对父母的期待呢？

挑剔是一种人身攻击

我妈很喜欢说的一句话是“你们老刘家都这么磨蹭，没有一个利索的”。我爷爷和爸爸都属于典型的慢性子，做事不急不慢。我妈经常告诉我，你爸爸就是那种人家告诉他家里着火了，他都得慢慢悠悠走回家的人。

在我只有“对”和“错”的概念时，我不喜欢爸爸，觉得他总是太磨蹭，惹得我妈不高兴，甚至经常跟妈妈一起嫌弃爸爸，攻击他。

直到有一次妈妈说出“你跟你爸一个样，都是‘肉加磨’”，我很是震惊。原来，我也变成了那样——那个惹妈妈生气、做事不利索的模样。

于是，我只能干活快一点儿，这样才能换回一句“这个孩子不随她爸爸”。

长大后我才知道，爸爸那不是慢，而是做事稳重。妈妈对爸爸的挑剔是一种人身攻击，是其他方面的不满意导致的人格攻击。

可是，那又能怎样呢？

孩子对父亲的崇拜感再也建立不起来了。

孩子对自己的自信感再也找不到根源了。

妈妈的那句话对我后来的择偶观也产生了影响。我会觉得“我不能找一个我爸爸那样磨蹭的人，我不能像我妈一样可怜”。

妈妈跟女儿抱怨，会让女儿的内心产生一种偏执的纠结。她们有时会想“我爸爸挺好的啊，根本不是我妈说的那样”，有时也会觉得“我将来不能成为这种人，不能嫁给这种人”。

没有口误，只有不经意的真情流露

妈妈跟孩子抱怨同样会产生非常负面的影响。

我有一个小姨，婚姻非常不幸福。她从年轻时就怀疑小姨夫有外遇，她从来没有证据，也没有亲自去调查过。

她等待儿子轩子慢慢长大，长到能“中用”的年纪，她就开始让儿子跟踪爸爸；或者爸爸说“加班”的时候，让轩子给爸爸打电话，甚至让轩子去爸爸的单位宿舍，看看爸爸在干什么。

小姨觉得儿子还小，不懂大人之间的事情，所以干这些都没什么的。可她却没有想过，如果孩子真看到了什么，对他会是什么打击。

哪怕没有看到，孩子就感觉不到父母之间的不和吗？

起初，轩子还会帮小姨去“探班”，后来他开始跟妈妈说“你干吗老是怀疑爸爸，我爸爸不是那样的人”。

小姨看到轩子“叛变”就更加愤怒，把敌人变成了丈夫和儿子两个人。她经常对轩子说“你跟你爸一样薄情寡义”“你们爷儿俩欠我一辈子”“男人都一个样”。

慢慢地，轩子对爸爸也产生了怀疑，因为他让妈妈变得这么神经质，变得这么不幸福。他也开始相信男人都不是好东西——爸爸不是，自己也不是。

在恋爱问题上，轩子从来都没有认真过，游戏人生，无比荒唐。

不要觉得这种口头禅没关系。这世上没有口误，只有不经意的真情流露。如果妈妈经常说这种话，她对家庭与婚姻的不满已经彰显了。

弗洛伊德指出，2 ~ 5 岁的男孩儿会产生恋母情结。他们恋母的方式并不是对母亲多好，而是攻击父亲，不喜欢父亲打扰自己与母亲亲近。同时，这个年龄段也是一个过渡阶段，孩子从迷恋母亲到慢慢接受父亲。他们发现，父亲能给家庭带来物品，会鼓励他们做一些冒险的运动。所以男孩儿 5 岁后开始崇拜父亲，妈妈也有义务帮助孩子完成这种转变。

妻子敬重丈夫，孩子才能敬重爸爸。很多妈妈可能永远都不能理解，孩子崇拜爸爸干什么啊，他爸爸那么不堪，浑身坏毛病，有什么好崇拜的。

爸爸能挣钱回家给他买小汽车，能有力量把他举得高高的，这在孩子眼里都是非常伟大的事情。

孩子对美好事物也充满向往。他们心中的榜样都是积极向上的，不会学习那些我们觉得“不好”的品质。

让孩子崇拜父亲、疼爱母亲是一种非常珍贵的品质，也是一种非常难得的放手。

枪响之后，没有赢家

我们可以想想，妈妈在跟孩子抱怨时是真的想抹黑伴侣，摧毁孩子对“爸爸”这个角色的认知吗？

当然不是。

她们也许想吐槽一下，也许想通过这种方式拉近与孩子的关系，也许企图用这种方式改变伴侣的行为。

跟孩子抱怨倾诉是正常的，只不过抱怨爸爸的行为太伤孩子的心了。

本意没有错并不代表行为没有错。

也许我们不经意间就把孩子拉入自己的战壕，与伴侣为敌。尤其是妈妈，觉得自己为孩子付出这么多、牺牲这么多，孩子理应跟自己一起攻击爸爸。

但孩子毕竟不是工具，他们是活生生的人。他们并不会因为加入了一个战壕，就彻底服从。

人在成长中会在不经意间研究自己的家庭——自己生在什么家庭，家人都是什么样的人，家人之间的关系是怎么样的。

说完“你跟你爸一个德性”“你跟你妈一个样”后，也许大人很快就忘了，夫妻关系依然时好时坏。

可孩子呢？他们会觉得父母的爱不稳定也不诚实，自己不愿意再相信别人。

枪响之后，没有赢家。

那句伤人伤己的话说出来后，我们的这种思维成形后，这个家里就不会有一个人是胜利的。

“爸爸，你航海回来了吗”

中国新闻网报道过一则新闻，邯郸市一家幼儿园举行了一场活动，一个小女孩儿朗诵了一封特别的信：

> 放假了，一家人欢快地逛超市、游公园是多么幸福啊！
> 可是，我的爸爸是一名解放军战士，
> 过元旦，他不能回来。
> 以前，我很不高兴，但是现在懂了，
> 他是英雄，他是我们祖国的守护者。
> 正因为有许许多多像爸爸一样的解放军叔叔，
> 守卫着我们的祖国，才有了我金色的童年……

由于工作原因，爸爸不能经常回家与孩子团聚，可是孩子跟爸爸却一点疏远感都没有，反而一直非常想念爸爸。

在小女孩儿眼里，爸爸是大英雄，在外面“打怪兽”“打海盗”“打坏人”，爸爸是很伟大的人。

即使爸爸不在身边，只要那个伟大的形象在心里，孩子就会觉得特别踏实。

我记得许多年前看过一个韩剧，大意讲的是一个出身不好的女孩儿和一个富二代相恋。他们感情很好，但由于男方家庭各种阻碍，两个人就分手了。分手后，男孩儿去了国外，女孩儿却意外地发现自己怀孕了。

后来，女孩儿一个人把孩子抚养长大，她从来不避讳跟孩子谈起她的父亲。她当然可以告诉孩子“你爸爸是个无情的人，他抛弃了我们。”她可以把怨气与孩子共享，让孩子也恨那个男人。但她没有，却告诉孩子，你的爸爸是个海员，他在执行海上任务，做着非常有意义的事情。

多年之后，那个男孩儿回到家乡，得知了自己孩子的存在。没想到，孩子对他说的第一句话是：“爸爸，你航海回来了吗？”

一个“没有爸爸”的孩子，比很多爸爸天天在身边的孩子都要健康、阳光。

他们的心里有信念，即使没有爸爸，他们心里也住着一个好爸爸。反观我们生活中，多少家庭人员健全，人格却不健全。

伴侣有问题，就直白温和地指出；孩子有问题，同样正面坚定地说出。用错误的方式对待错误的问题，最后不仅不能达成目的，还可能导致两败俱伤。

我们不仅不要跟孩子说“你跟你爸一个样”，也不要当着孩子的面诋毁伴侣，我们还应该和伴侣站在同一战壕，在孩子面前尽量维持彼此良好的形象。

多说对方好话，少用指责的语气。

没有人愿意每天被冷嘲热讽，也没有一种发自内心的改变源于尖酸刻薄的话。

爱家庭就应该尊重伴侣。爱孩子就应该让他爱上自己的家。

好婚姻与坏婚姻，区别就在这三件事

前文提到和谐的婚姻是给孩子最好的礼物。认真经营婚姻不仅仅是为了孩子好，也是对自己负责。

毕竟有人陪伴我们走过余生，这个人最好与我们情投意合，彼此欣赏。说“永远保持初恋的状态”是不太现实的，毕竟荷尔蒙是有保质期的。好的婚姻并没有标准答案，但本质上是有那么一个人愿意分享我们的人生故事。

这个故事或者有点悲伤，或者有点苦涩，或者充满阳光与欣喜，只要日后的人生风雨中，我们还愿意相互取暖；只要有一天我们老了、病了，深夜时分对方愿意为我们起身倒一杯热水。

我承认，经营好一段婚姻、经营亲密关系不是一件容易的事，因为我们会看到人身上的阴暗面，重复面对彼此的小缺点。

如果朋友不讲卫生，我们还可以接受，毕竟大家不是朝夕相处，能忍则忍，可伴侣不同，我们要和他在一起生活很多年，每天都要面对他不讲卫生的“毛病”。

即便如此，经营婚姻、学习去爱也是我们的必修课。

弗洛姆（Erich Fromm）在《爱的艺术》（*The Art of Loving*）中指出，爱不是我们与生俱来的本领，而是后天习得的能力。如果没有爱他人的能力，如果不能真正谦恭、勇敢、真诚和有纪律地爱他人，那么人们在自己的爱情生活中永远也得不到满足。

所以说，爱的能力就像音乐美术一样，是后天习得的能力。我们完全可以通过后天的练习，与相爱的人练习去爱。

那么，怎么去学习爱他人，怎么经营亲密关系？

有几个关键词是我们最容易犯错、最容易侵犯对方的地方。

放下期待

“我对他并没有什么大要求，不求大富大贵，为什么一点点小的方面，他都不愿意为我改变？”李蕾找我求助的时候，她和丈夫并没有什么实质性的问题，都是生活的一些小细节——喜欢打游戏，袜子到处丢，不爱做家务，改不掉爱喝酒的毛病……

我笑着对她说：“你可别说不求他大富大贵，那是你求不来啊，要是能求来，你也会求的。”

李蕾也笑了，她说：“我当然希望他挣大钱当大官，但我知道他不是那块料。所以我对他的期待降低了，为什么他连这么小的要求都不能达到？”

“那么，我们为什么要对他人有期待呢？”

“我是他老婆，我要是不管他了，我要是对他没有期待了，他这个人不就完了？”

当李蕾说出这句话时，我觉得非常熟悉，因为这也是很多妈妈对孩子说的话——我不管你谁管你！可能在我们自己的原生家庭里，爱一个人就管着他、限制他，通过这种特殊的方式产生爱的羁绊。

“否则呢，否则用什么方式呢？如果连期待都没有了，那我们之间还有联系吗？”

我们常常觉得，如果没有了期盼，两个人之间好像就没了联系。那是因为“看得到”的东西消失了，全靠“看不到”的东西联系，我们总觉得不安。

“看不见”的东西指的是什么呢？是我们对自己的自信，相信自己值得被爱；是我们对伴侣的自信，相信他们能理解我们；是我们对彼此关系的自信，相信以和平的方式也可以相爱。

我看过一个故事，说一个人晚上在回家的路上把钥匙弄丢了，他就一直在路灯下面找。路人问他，你在路灯下面弄丢的吗？他说不是的，但是只有这里看得见。

我们太过相信那些看得见的东西，觉得对方只有为我们改变，变成我们期待的样子才算是爱。其实，那些看不见的东西才是问题的根源。

李蕾为什么接受不了丈夫的这些小毛病？因为她妈妈是一个有

轻微洁癖的人，她从小就被要求讲卫生，极度卫生的那种。她习惯了这种方式，希望丈夫能向她靠拢一些。

而李蕾丈夫为什么有这么多小毛病？因为他从小成长的环境比较松散，妈妈是个有点邋遢、大大咧咧的人，经常忘记给他们父子做晚饭，所以他的生活习惯也是如此。他当初喜欢上李蕾，就是喜欢她干净整洁，做事有条有理。

婚前我们看到的全是优点，婚后在时间的磨砺下，缺点也就暴露出来了。这并不是什么罕见的事，因为每种性格都像硬币一样有正反面。

所以说，我们不可能要求一个人没有缺点，或者不能有“我们不能忍受的点”。

我们不能忍受，其实并不是对方的原因，而是我们自己的原因，并不是对方做得多么错，而是我们不能接受这样的事情。

比如，丈夫把袜子到处丢，真的会给妻子带来什么困扰吗？不，只是给我们带来了不舒适的感觉，这和我们从小的习惯不同。

当然，我承认家庭整洁可以带来好心情；但我们在做一件事的时候，是不是也该考虑一下“人”？

我们只让事情改变，那对方的心情会如何？他知道自己身上有令伴侣厌倦的点，会不会激发自卑感？越自卑，越低自尊，越不愿改变。

没有人会与我们期待的伴侣完全相符，假如他们真被改造成了那样，那他们还有独立的灵魂吗？

即使有期待，我们也应该改变自己——改变自己处理事情的方式，改变跟对方表达的方式。

比如，还是伴侣到处丢臭袜子这件事，我们首先问自己，这件事会不会对他产生影响。如果不会，为什么我们还如此执着呢？然后再问问自己，乱丢袜子真的给我们造成了难以忍受的感觉吗？如果真的难以忍受，那就再想想，能不能通过改变自身来改变这件事。可以专门准备一个放袜子的脏衣篓，当着丈夫的面，温柔地说：“袜子我帮你放这里面了。”如果对方表示了感谢，那么我们更应该顺着台阶下：“这有什么啊，这么小的事，我知道你工作一天挺累的。”

当人知道自己被关注着，他也会察觉对方的心理，从而做出改变。

当然，我们不能靠着一次两次的“温柔”就期待对方改变。要记住只管自己的事，只做自己的改变，我们改变了，变成一个可爱的人，即使周围没有发生改变，也会觉得那些琐事没有那么重要了。

无伤大雅的事不放在心上

我经常听到一些求助，“孩子非要吃冰激凌，怎么办？”“孩子想多看5分钟动画片，我该怎么制止他？”“丈夫总想着玩游戏，我该怎么办？”

我只想问：这些真的是很大的事吗？无伤大雅的事，放人一马又如何？孩子吃个冰激凌，又能怎么样？只要干净卫生就不会拉肚子。多看 5 分钟动画片，5 分钟而已，只要他答应 5 分钟后关电视不就行了。丈夫想玩会儿游戏，在不耽误事情的情况下，休闲一下又怎么了？

我丈夫也喜欢打游戏，一开始我也是和他吵架，说了很多难听的话，他才不玩儿了。现在回想起来，我并不觉得那是胜利，只不过是他更愿意包容我一点而已。

后来，他实在是又想玩儿了，就问我可不可以玩儿一次，我觉得他也不容易。就像女人喜欢从网购中寻求满足感一样，男人喜欢在游戏中获得征服感。我不仅同意了他的“请求”，还顺口说了一句，“那我先扫地，打完这一盘你把地拖了，行吗？”他欣然答应了。

这一次，我才觉得我赢了。他打一次游戏并没有给我造成什么损失，还带来了一些好处。

本质上，改变的前提是两个人相互尊重，维持彼此的自尊。在高自尊、被尊重的情形下，人们才愿意自发改变。

我一直觉得男人也好，女人也罢，我们都应该做一个可爱的人，做一个“心大”的人。有些事没有那么重要，能一笑而过的事，何必咬住不放。

对方去打游戏的时候，我们也放松一下。约定好可以玩儿多久，玩儿完了游戏还有哪些事情要做，这样不就行了。难道我们真希望对方无欲无求，完全活成提线木偶吗？

跟伴侣相处与跟孩子相处是一样的——多给他们一点空间，多给他们一点尊重，他们就能给我们正向的反馈。

他们可能有苦衷，行为背后也许有自己的心事，只不过我们还没有拿到打开对方心门的钥匙。

在网上看到过一个故事，妻子下班回到家，看到丈夫坐在沙发上，也没有做饭。她什么都没说，而是淡定地问他，晚上想吃什么。丈夫头也没抬，说随便。

妻子按部就班做好饭、收拾桌子、洗碗，就在她洗碗的时候，丈夫从身后抱住她，对她说："对不起。"妻子说："有什么对不起的，就是做个饭洗个碗而已。"

丈夫说："对不起，我没有选上主管，单位空降了一个领导的亲戚。对不起，我让你失望了。"

这时妻子才意识到，不管是资历还是能力，丈夫都是最合适那个职位的人，他抱有很大的信心，没想到出了这样的事情。

如果一开始妻子就唠唠叨叨，埋怨丈夫不做家务，丈夫又如何跟妻子敞开心扉呢?

人与人之间就是人心换人心，我们付出了真实的爱，对方一定能看到。

不要把伴侣当孩子，也不能把孩子当孩子。大家都是独立的个体，那些小事、无关紧要的细节，我们不应该过多插手。

不把自己当"妈"，"孩子们"才能不那么"叛逆"。当然，这个"孩子"既包括孩子，也包括伴侣。

就像《爱的艺术》中说的，如果我爱他人，应该感到和他一致，而且接受他本来的面目，而不是要求他成为我希望的样子，把他当作使用的对象。

遇事不指责

人非圣贤，孰能无过，在生活中做错事是再正常不过的事情。我始终认为做错事的人是心怀愧疚的，哪里做错了、造成什么严重的后果，他们是知道的，他们的内心甚至比我们更害怕，更不知所措。

作为伴侣的我们，此时应先给予他们拥抱与包容，有问题大家一起解决。“我早就跟你说了，你就是不听我的”，类似这样的话语不但没有任何意义，还可能让对方担心被责备而选择独自承担，从而造成更严重的后果。

前两天我和闺蜜小羽聊天，看她被负面情绪困扰着，其实也没有什么大事，就是一些生活琐碎。“做女人真的是太难太难了”，这句话她重复说了很多遍。

每天工作时间相同，男人下班就没事了，女人却还要拖着疲惫的身子，收拾屋子、做饭、陪孩子玩儿。对于女人，身体累没什么，有几句暖心的话就好了，最怕的就是身累心也凉。

小羽的女儿最近病了，也不是什么大病，就是伤风感冒。可丈夫却一直指责她“带个孩子都带不好，孩子还病了”。她委屈极了，谁想让孩子生病啊！孩子生病的时候，哪个妈妈不是精神紧绷啊！

竟然还被指责！

这样的事在我家不存在，我们夫妻很少互相指责。很多朋友都说我家庭幸福，说我丈夫、婆婆很好。很大程度上，这是因为我们不互相指责。

指责是一件很伤人的事情，亲密关系中尤其如此。

我和丈夫在一起后，一直都是我在管理财务的事。虽然我经常算糊涂账，家里收支经常多几百，或者少一两千，家人从来不指责我，而我总爱说“肉烂在锅里，钱又没丢”，大家笑笑就过去了。

刚结婚不久，我和丈夫对账的时候发现少了一万多元钱。这次可不是几百元钱的事了。我又急又心疼，坐在车里哭了起来。丈夫赶紧安慰我，说钱没丢，肉烂在锅里了，左右是自己花了。他又说，准备结婚事宜的时候，他买烟酒茶糖多花了两千，租车多花了三千，还有细细碎碎的一些花销，他怕我心疼，跟我报账的时候就少说了，没想到一来二去少了一万多。

当时我立刻破涕为笑，这个老小子，竟然害我吓了一跳。过了半年我偶然翻出一张银行卡，登录手机银行发现里面竟然有一万多元钱。

这些钱是丈夫单位同事随的份子钱，我当时怕丢了，直接就存进了银行，那张银行卡不常用。原来，我认为丢了的一万元，丈夫费尽心机说自己多花了的一万元，其实那钱还安静地躺在那里。

回头想想，我真的很感激丈夫的不指责，感激他照顾我当时的情绪。

生活中，我是个大大咧咧的人，经常做一些糊涂事，可我很少被指责。不指责就是最朴实的爱。

生活中，谁有多对谁又有多错呢？指责能解决问题吗？既然不能，那不如好好照顾对方的情绪，让双方都轻松一些。

我本不是如此柔和的人，我有些尖酸，得理不让人，经常会指出对方的种种不是。

让我真正学到做人应该宽厚的是我婆婆，她的教导也是我丈夫从来不喜欢指责别人的原因。

婆婆在她那个年代上过高中，平时也喜欢看书，情商也很高。丈夫说，他从来没见过妈妈对他发脾气，也从来没有听妈妈说过自己有多不容易。

不管我们买了什么东西，难以让婆婆接受，她也不会像很多家长那样说：“你们这代年轻人真是爱乱花钱。”“我们那个年代，几分钱就能解决问题。”“你们还过不过日子了？”她只是笑着说：“是挺贵的，时代进步了，年轻人有年轻人的活法。”

平常我快人快语说出什么不合时宜的话，她也从来不说我，就是笑着说一句：“这种话在家里说说解解气就行了，可别出去说啊！”

我慢慢地意识到很多话都可以好好说。同样的话语，指责只会让人心生厌恶，慢声细语地说出来，对方反而更容易接受。

遇事不指责是一种修养，也是一种智慧。

大家都不容易，谁也不希望事情朝不好的方向发展，谁都不应该指责谁。遇事不断指责的人，只会盯着脚下的泥泞怨天尤人，更有甚者，歇斯底里起来殃及无辜。

遇事不指责的人像太阳，浑身散发着正能量，毫无保留地温暖他人。

《我们仨》一书中有钱钟书和杨绛相处的很多片段，这对神仙伴侣让我们看到，如何在琐碎的生活中活出令人羡慕的模样。

钱钟书在世人眼里是个十足的书呆子，他一辈子分不清左右脚，60 岁才学会擦火柴。

他的女儿钱瑗出生那会儿，钱钟书来到病房告诉妻子，说自己在家里“干了坏事”——他把墨水瓶打翻了，害得房东家的桌布被染。

杨绛说：“不要紧，我回家洗。”

钱钟书说：“墨水呀！”

杨绛安抚他：“墨水能洗掉的。”

回家后钱钟书把台灯又砸了，杨绛问清楚了是什么灯，说：“不要紧，我会修。”

对于妻子的“不要紧”，钱钟书深信不疑，且充满感激。

杨绛出院后，结婚前从没下过厨房的钱钟书为她炖了鸡汤，一直悉心照顾爱妻。

像钱钟书和杨绛这对有修养的夫妻——一个犯傻，一个包容；一个犯错，一个温柔地说“不要紧”——这才是最好的状态。生活里的大风大浪毕竟是少数，那些融在柴米油盐中的修养才最令人动容。

所谓的爱，不用鲜花红酒配电影，也不用多么动听的情话。

对他人少一些期待，让自己多一些成长。无伤大雅的事不计较，给对方喘息的空间。遇到好事大家一起笑，遇到坏事一起面对。收起指责的手，给对方一个拥抱吧。

好好说话有多难

刀子嘴背后从来都不是豆腐心

生活中有这样一种人，他们没有坏心，更没有害人之心，甚至希望自己和身边的人都过得好，但他们嘴里说出来的话却字字诛心。这种人，我们习惯称之为“刀子嘴豆腐心”。

电影《万箭穿心》中，李宝莉就是这样一个人。一副热心肠，没少吃苦受累，最后却过成了“万箭穿心”的状态，丈夫被她逼得跳江自杀，一手带大的儿子与她断绝关系。

她哪里做得不好？

行动上她比谁都疼人，可嘴上她一点也不饶人。

李宝莉是下岗职工，在批发市场卖袜子，她的丈夫马学武是国企厂办主任。虽然说职业不分高低贵贱，但从功利的角度，可以判断李宝莉的社会地位不如她的丈夫。但是，她却总是嘲笑马学武乡下人的身份，把“乡下人”挂在嘴边。

本质上，李宝莉是不自信的。她怕因为地位不如丈夫而被轻视，所以就用攻击的方式来换取安全感。但是，那位被她叫作“乡下人”的丈夫，内心又是怎样的呢？对于一个男人，那是对尊严的践踏。

他们搬家的那天，马学武请搬家工人到屋里喝汽水，李宝莉当着外人又冲丈夫开炮：“烟不要钱啊，汽水不要钱啊，你在这儿搞招待啊，真是贱！”

平时李宝莉在家里动动刀子嘴，马学武还能默默忍受，但她当着外人的面贬低丈夫，让马学武逐渐走向崩溃。

后来，窝囊的马学武出轨了，出轨对象是他的女同事。其实女同事并没有多么吸引人的地方，不过就是在他生日那天说了一句“生日快乐”。就是这一点点甜填满了他心里的苦。

李宝莉捉到马学武出轨后，在旅馆门口捂住嘴痛哭流涕。但是她没有闯进房间，而是打了报警电话，举报房间里面卖淫嫖娼。事情闹得沸沸扬扬，马学武从厂办主任被降职成车间工人。他对婚姻、对生活彻底失去了信心。

马学武在工厂的第一次裁员中，因为个人作风问题而下岗。这件事是压死骆驼的最后一根稻草。马学武本来就脆弱、软弱，承受不住生活接二连三的打击，最终选择了跳江。

丈夫死后，李宝莉顽强地生活。她不在批发市场卖袜子了，毕竟那挣钱太少养不起一个家。她做起了挑夫，和男人们一起卖力气吃饭。她不舍得给自己买什么好东西，而是把赚到的钱都给了婆婆，希望当过老师的婆婆好好教育孩子，将来不要让孩子像自己这么没文化。

十几年过去了，儿子考上大学，这本该是她苦尽甘来的时刻，可儿子却一直对父亲的死耿耿于怀，当年李宝丽打电话报警的事情被儿子知道了。他在结束高考后向李宝莉提出两个要求，一是要房子的所有权，二是断绝母子关系。

李宝莉会怎么做？跟儿子撒泼打滚，诉说自己多年的不容易？

不，她没有。她不是一个撒泼打滚的女人，她是一个心软的女人，她对丈夫的死心怀愧疚。

她在江边坐了一整夜，回家把房产证交给婆婆，挑起自己的行囊，转身说了一句“走了啊”，就离开了这个家。

要尊严有尊严，要骨气有骨气，甚至也有一副热心肠，可李宝莉的一生却落得如此收场。归根结底，悲剧源于她的“刀子嘴”。

刀子嘴背后从来都不是豆腐心。那些伤人的话说出口后，用一句“我这个人就这样，没有坏心”打圆场，是最无力的解释。在一个屋檐下的两个人，行动固然是重要的，可是语言同样重要。说到做到是完美，说到做不到是撒娇，说不到做到是伤人伤己。

李宝莉不是电影中的人，而是无数女性的缩影。为家庭付出了很多，只因为说话不中听，所以不被喜欢，甚至把生活弄得很凄苦。

好好说话，是一种修养，也是一种能力。

不能好好说话，在害怕什么

我们都知道好好说话很重要，只是做不到而已，因为有时好好说话反而更难，恶语中伤别人才能让我们有安全感。

我们不能好好说话，到底在害怕什么？

害怕被拒绝

其实人心是很脆弱的，它本质上是个没有外壳、热气腾腾的小东西，所以当我们展示它的时候，肯定是惶恐的。我们害怕对方看不到我们的真心。因为害怕被拒绝，所以难以吐露心声。

而我们是有需求的，要向伴侣表达自己的需求，表达自己的感受。那么此时，什么方式让我们既能保护自己，又能表达需求呢？用难听的话攻击对方，希望他们能听懂我们的心声，并且拥抱一下内心惊慌的我们。

李宝莉总是说丈夫是“乡下人”，这是源于她的自卑，怕丈夫工作比她好而看不起她。她其实希望丈夫说：“你下岗了也不要担心，我们一起努力，日子会越过越好的。我知道你在批发市场卖袜子受委屈了，但我相信那只是过渡，你这么优秀，以后一定会有好工作的。”

如果马学武一开始跟李宝莉说了这样的话，那么故事的结局也许就不同了。

但是，马学武能这么说的前提是李宝莉也能好好说话，直白地袒露自己的心声——我现在下岗了，你会不会嫌弃我，你还像以前一样爱我吗？

当我们放下戒备，把真实的自己交给伴侣，良好的沟通也就成功了一半。当然，害怕拒绝看起来简单却最难克服，因为我们在茫茫人海，太难找到自己信任的人，让我们愿意坦荡地交出血淋淋的自己，即使是伴侣也很难让我们有这样的勇气。何况两个人平时互相伤害惯了，所以更加害怕自己的热情会遭到冷遇。

利用他人的内疚

情感绑架也是亲密关系中很常见的相处模式。我们知道对方是在意我们的，所以总是暗示他们——我们的不愉快来自你做的某些事情。绑架他人、使人内疚也许能“赢得”对方的转变，所以我们也常常在家中利用他人的内疚。

比如丈夫在外面喝酒回来晚了，妻子可能会说：“我等你等到现在，我要被你气死了。你喝酒喝出问题，连累的是我。”这其实也是一种暴力沟通，我们没有正面表达自己的需求，而是采取了绑架的方式，以引起对方愧疚。

《非暴力沟通》中说，如果我们想利用他人的内疚，通常采取的办法是把自己的不愉快归咎于对方。家长也许会和孩子说“你成绩不好让爸爸妈妈伤透了心”，言下之意是，他们不快乐是孩子的行为造成的。看到父母的痛苦，孩子可能会感到内疚，因此会调整行为来迎合他们。遗憾的是，这种调整只是为了避免内疚，而非出自对学习的热爱。

不知道自己的需求

“你知道自己想要什么吗？”面对这个问题，可能很多人的第一反应是“知道”。但细细思索后就会发现，我们没有直视过自己的需求，更没有表达出来。

还是拿丈夫喝酒晚归为例子。妻子说“气死我了”，这其实只是情绪而不是需求，她真实的需求是——我想让你早点回来。

暴力沟通的根源在于我们忽视了自己的需求，也忽视了对方的需求，并且习惯把冲突的原因归咎在对方身上。

我们一定要正视自己的需求，因为如果连我们都不重视自己的需求，那别人更不会重视。或者说，如果连我们自己都没有表达出来，别人猜出来的概率也很低。实际上，直接说出需求会增加获得积极回应的可能性。

好好说话是相互的

在中国“谦虚为上”的大环境下，我们很难说出赞美伴侣的话，生怕“骄傲使他落后”。经常是伴侣做对了 9 件事，我们却抓住他做错的 1 件事，不肯放手。易地而处，那种挫败感可想而知。有时候我们可能想要说几句“好话”，却不知道怎么说出口。如果一个人不会“好好说话”，不能正面表达自己，那就很难和伴侣沟通。

蔡康永在《说话之道》中说过一句话：你说什么样的话，你就是什么样的人。

千万不要觉得只要事情做到了，说什么无所谓。聪明的女人懂得示弱，懂得撒娇，即使做得不到位，跟丈夫说几句好话，问题也就迎刃而解了。

敢于迈出第一步

我们害怕袒露真实的自己，很可能是“预测”到对方糟糕的态度。可这正是两个人长期暴力沟通的结果，想要改变的话，总要有人迈出这关键的第一步。但也不要奢望对方主动改变，由对方迈这第一步。请记住，谁痛苦谁改变，谁改变谁受益。

我见过一对夫妻，在孩子还很小的时候，丈夫出轨过，但当时孩子还小，双方父母也都劝和不劝分，丈夫也有改过的想法，非常诚恳地求妻子原谅。为了这个家，妻子选择了忍受。

可这个丈夫回归家庭后，每次做错点什么事，妻子就会说：“你做了这么大的错事我都原谅你了，你竟然还这样对我。”慢慢地，丈夫也开始反唇相讥：“我都已经回来了，你还要我怎么样？”

他们两个让关系再度陷入冰点，看起来是出轨问题的后遗症，可实际上却是沟通出了问题。

我们暂且不谈他们要不要离婚，那是他们自己的选择。我们应该做的是思考，如果关系出现了裂痕，可不可以通过正常沟通的方式挽回感情。

我会对那位妻子说，如果你已经打算接纳这件事，那就请不要再提此事，也不要疑神疑鬼、神经兮兮。这件事不只是你的逆鳞，也是他的羞耻，甚至连双方家长都知道了。你可以试着先改变，看看关系能不能有所缓和。千万不要觉得明明是他做错，凭什么我主动。感情里面没有赢家与输家，要输就是两败俱伤，要赢就是双赢。既然选择了原谅，我们就应该站在修复关系的角度，做出相应的改变。如果对方并没有看到你的改变，那你需要考虑一下，这个男人是不是值得相守终生。

这位妻子采纳了我的建议，再也不提丈夫出轨的事了，也试着和丈夫好好说话，直接表达自己的需求。丈夫一开始很惊讶，慢慢却看到了妻子的转变，自己也跟着坦诚相待，两个人的感情竟然得到了修复。

好好说话是相互的，我们自己不好好说话，却指望对方永远哄着我们是不现实的。自己先迈出第一步，好好说话，就能收获对方的改变。

不过度牺牲自己

婚姻需要付出，这是肯定的。必要的时刻，婚姻也需要牺牲，但过多的牺牲感只会让彼此陷入苦大仇深的生活之渊。尤其是妻子自我牺牲后，一边想让对方知道，一边还暗示自己“我为他牺牲了好多”，所以，我们当然会期待对方也能做出改变。

这种牺牲感像是一个绳索，紧紧拉着对方，也锁住了妻子。

有一个故事讲到，一对夫妻在一起生活了一辈子，一直是妻子吃鱼头，丈夫吃鱼身。丈夫临死前对妻子说想要吃一次鱼头，妻子问他为什么，你不是爱吃鱼肉吗？丈夫回答：“我一直都爱吃鱼头，以为你也爱吃，所以我吃了一辈子的鱼身。”妻子惊讶地拍着大腿说：“我爱吃鱼身啊！也是一直让给了你！”

不过一条鱼而已，干吗自我感动式地牺牲呢？我们“牺牲”到底是为了对方好，还是为了自己满足？

不管是婚姻关系还是亲子关系，我的建议都是一样的——做好自己，你对了，世界就对了。

牺牲多了，期待也就多了，这不利于和谐平等的沟通。正面表达自己的需求，即使是牺牲，也要在平等、协商的情形下进行。

非暴力沟通的四个步骤

我们前面说过要正面表达自己的需求，可到底怎么表达呢？我们可以用非暴力沟通的四个步骤：陈述事实（观察）—真实感受（感受）—阐明原因（需要）—真实期待（请求）。

我有一个朋友，她同学来家做客时，丈夫没从卧室出来打招呼，她就跟丈夫大吵了一架，说了很多难听的话——窝囊、窝里横、软弱等不堪的词语。她用这样的方式沟通，下一次丈夫还是不会出去的，因为他没有改变的动力源泉。

可如果我们换个沟通方式呢，看看用非暴力沟通的方式应该怎么说。

陈述事实——我朋友来了，你没出去。

真实感受——我觉得有点失落，有点沮丧。

阐明原因——我想和你一起招待朋友，不是为了面子，就是想和你一起，让你走进我的朋友中。

真实期待——下次能不能和我一起招待朋友。

后来，她试着跟丈夫用非暴力的方式沟通，丈夫不好意思地向她道歉，并且热情地跟她一起招待朋友，相谈甚欢。

她坦诚地告诉我，好好说话比恶语相向要艰难得多，真没想到好好说话还需要巨大的勇气。

所以说改变不是一朝一夕的，伴侣也不可能因为你好好说了一次话，他们就改变了。爱是一种能力，好好说话也是一种能力，都需要大量练习。

多试几次，相信你会爱上那个和颜悦色的自己。

尾 声
相信我，没人天生会当父母

在这本书的最后，还有一些话想跟大家聊一聊。

电影《后会无期》中说，我知道很多道理，却依然过不好这一生。

我们教育孩子也是一样的，看过很多书，学习了很多理论，可还是觉得心有余而力不足，觉得自己为孩子做得还不够。

从小被比来比去的我们，除了喜欢拿自己的孩子跟别人家孩子比，也会拿自己跟别人比。

我们总是觉得别人情绪稳定、态度和善、有房有车，能给孩子最好的教育、最好的资源、最好的爱。相比之下，自己是如此平庸，甚至有些不称职。

我的闺蜜晨雨是十足的“称职妈妈”，我们一起办了亲子游泳卡，我一个月都不带女儿兜兜去一次，而晨雨每周都要带孩子去一次，有时候工作不忙甚至还会去两次。我们两家的孩子差不多大。她家孩子两岁半的时候就能自如地游泳了，兜兜却还是把游泳当戏水，每次去了玩玩水就算了。

哺乳期的时候，晨雨一口凉的、辣的、刺激的都不敢吃，从怀孕到断奶硬是忍耐了两年半。我可做不到，任何事情都不能阻碍我吃东西的欲望。虽然我知道吃火锅可能会影响兜兜吃奶，可是我每次都自我安慰——没事没事，吃了也吸收不了多少，吸收了也未必化成乳汁，化成乳汁兜兜也未必吸收……

晨雨的孩子到了 3 岁时，她给孩子吃东西时还要非常严谨地看配方。而我早就大大咧咧带着兜兜享受“人间美食”了。当然，在不危害身体的情况下，她偶尔也会给孩子吃一些奶油、巧克力、冰激凌、薯条、薯片、山楂条之类的食物。

晨雨很耐心，从来不冲孩子发火，简直是理想中最完美妈妈的原型。

我总觉得，人家做妈妈很精心，我做妈妈很粗心。而且晨雨除了工作时间，都是一心扑在孩子身上。我却玩心很重，除了工作还要忙写作，闲暇时候还想找好友吃肉喝酒，出去旅游。

别人家的妈妈全心全意，我这个妈妈三心二意。

还有一个同事，她家女儿 8 岁上小学二年级就能读英文原著了，可以无障碍看懂英文电影。这个小姑娘从幼儿园起就上双语教学的，一年花费 10 万元。上小学后，又一直上剑桥英语课，从未间断过，英语早就成了她的第二语言。

而我呢，舍不得给孩子上一年10万元的幼儿园，更舍不得让孩子从小就有这么大压力。可是到了有些时刻，孩子的差距就真的显现出来了，我也会焦虑懊悔。

我常常问自己，到底什么样的父母才是好的父母呢？

给她好的生活资源，给她好的教育方式，或者送她进私立学校……

或许是，或许不是。

孩子在不同阶段有不同侧重点，我们总是在不同阶段有不同的遗憾与懊悔。

总觉得自己做得不够好，总觉得自己对孩子有亏欠，总觉得自己错过了很多黄金时机。

兜兜从小牙就不好，从多小呢？差不多一岁多的时候，牙齿上就有斑点，而且越来越严重。两岁半的时候，牙齿缝隙中也已经有了缺口。医生说原因有很多，可能因为夜奶，可能因为哺乳姿势不对，可能因为没有及时清洁，也可能因为遗传因素。如果不好好护理，兜兜可能坚持不到换牙，门牙就掉光了。

我总觉得是我哺乳的时候为了贪图晚上睡个好觉，总是拿乳头哄她，所以夜奶频繁了。或者是我疏于给她清洁，没长牙的时候有一搭没一搭地用纱布给她清洁，长了几颗小牙的时候，依然用纱布，还是有一搭没一搭地给她清洁。家人都说我多此一举，我就更是懈怠了此事。兜兜到了一岁半才用牙刷和牙膏，也许已经晚了。还有一种可能，就是我给她买磨牙棒的时候没有好好看配料，是不是里面有糖分？

我反思过很多原因，总结起来一句话——我是个不合格的妈妈，我的疏忽导致女儿牙齿出现了问题。

我本身就是一个爱后悔的人，养孩子之后更是经常懊悔——我明明可以做得更好，我明明可以不那么懒的。

这并不是我一个人的困境，也是无数父母的纠结。付出了太多，却犹嫌不足。

我记得几年前看过一个电视剧《小别离》。在一个比较高档的小区里，琴琴一家是回迁户，他们家经济条件并不好。琴琴的爸妈与小区中另两个家庭关系挺好，这两家一个是做生意的大老板，还有一家属于中产阶级，两家都计划着送孩子出国读书。可在这三个孩子中，琴琴是学霸，其他两个孩子，一个是中等生，另一个是十足的差生。

在这种冲击下，琴琴妈也动了送孩子出国的心思。实在没钱怎么办呢？她想了无数的办法，几次三番差点卖房子。最后，琴琴的大姨从国外回来，她没有孩子，也一直很喜欢琴琴。两家人一商量，想出来一个馊主意——把琴琴过继给大姨，这样她就能出国了。

一个妈妈要下多大的决心，才能想到把自己的孩子过继给别人。她一定是“穷途末路”，想要给孩子最好的，又实在无能为力，才出此下策。

想要当“好妈妈”，维持“好妈妈”简直太难了，越是想要当好妈妈就越容易崩溃。

没有人天生会做父母，大家都在摸索中前进。

怎么才算对，怎么才算错呢？

答案并不在父母的标准里，而在孩子的心里。孩子觉得我们足够好，孩子觉得我们是好爸爸好妈妈就够了。

孩子的要求高吗？并没有，他们爱我们也许只因为我们是他们的爸爸妈妈。

我们只需要做好我们该做的，至于孩子能成长成什么样，那需要天时地利人和，尽人事听天命足矣。

去年中考季的时候，有个亲戚家的孩子成绩不好，他托关系走后门，想要给孩子找个好一点的学校，但结果却不尽如人意。

我问他后不后悔，有没有觉得无能为力？

他说了一段话，我瞬间泪流满面。他说：“咱给人家当父母，看起来能决定很多事情，实际上能做到的很少。为人父母，我已经尽力，我对得起自己，对得起孩子叫我这声爸爸。孩子不爱学习，在学习上力不从心，我该做的也做了，该说的也说了。人的能力是有限的，我们能力有限，孩子的能力同样有限。但是我相信，我是一个好爸爸，他是一个好孩子。”

大家都是第一次做父母，虽然我们是成年人，可我们做爸妈的年龄并不大。在做父母这件事上，我们还是个“孩子”。既然是孩子，我们就应该允许自己犯错，允许自己有做得不好的地方。做错事没关系，只要及时改正就可以了。

也许我们曾经做错过，曾经伤害过孩子，伤害过亲子关系。那时我们还“小”，我们不懂教育，不懂孩子的心理。

但是没关系，什么时候都不晚，真的不晚。孩子的一生都在等着我们做个好爸妈，一生都等着我们学会去爱。种一棵树最好的时间是 10 年前，其次是现在。学会爱孩子，同样如此。

没有人天生会做父母。只要我们还在成长，还在学习去爱，我们就是好父母。

我们无须做到 100 分，做到刚刚好的 60 分就够了。

不管你的孩子多大，不管你曾经做错过哪些事，现在开始爱孩子，接纳孩子，一切都不晚。

相信自己，相信孩子，重新扬帆，一起起航。